Un Dieu de tendresse

Phillip Keller

Un Dieu de tendresse

COLLECTION SOURCES

© W. Phillip Keller 1996
ISBN : 1-55661-722-4

Edition originale publiée en anglais sous le titre :
What is the Father like ?
A devotional look at how God cares for his children
Par Bethany House Publishers
A Ministry of Bethany Fellowship Inc.
11300 Hampshire Avenue South
Minneapolis, Minnesota 55438

© 1998 Editions Empreinte Temps Présent
48 rue de Lille
75007 PARIS
Pour la traduction française.

DIFFUSION
France : 7 ICI – 48, rue de Lille – 75007 PARIS
Suisse : E.B.V. – Wallstrasse, 6 – 4002 BALE
Belgique : Centrale Biblique – Rue de Colinet, 6 – 1380 MARANSART
Canada : CCAF – 215, rue Carnon Bureau 203 – QUEBEC G1K 5V6

ISSN : 0993-7528
ISBN : 2-906405-28-0

Traduction : Mme Aline Neuhauser
Réécriture : Mme Claire Poujol

Couverture : David Passeron/CAC – Tél. 01 46 61 63 86
Illustration couverture : Patricia Valentin
Photocomposition : SCRIPTURA – 44, chemin de Géry – 26200 Montélimar
Impression : IMEAF – 26160 La Bégude de Mazenc
Dépôt légal 4ᵉ trimestre 1997 – N° d'impression 97812

Or, la vie éternelle consiste à te connaître,
toi le Dieu unique et véritable,
et celui que tu as envoyé : Jésus-Christ !

Jean 17.3

chapitre un

je suis l'auteur

Je suis l'auteur de toute vérité, de toute vie. Avant qu'un événement se passe dans ta vie, je le connais. J'en suis l'auteur.

Je suis l'Eternel, qui a prévu de se révéler à toi. Lorsque tu me cherches de tout ton cœur, que tu soupires après ma présence et que tu veux me voir comme je suis en réalité, c'est parce que je t'appelle.

Oui, je t'appelle, et je viens à toi, mon enfant bien-aimé, parce que je veux te rencontrer. Je désire que tu m'aimes et que tu aies confiance en moi. Et plus tu me connaîtras, plus tu t'appuieras sur moi.

Ouvre-moi ton cœur... comme un enfant. Je suis ton Père... et ton Ami... ton compagnon sur les sentiers de ta vie. Je ne suis jamais loin. Je suis près de toi, pour préserver et enrichir chaque instant de ta vie. Je tiens dans ma main tout ce qui te concerne. J'ai planifié... et organisé chaque circonstance de ta vie.

Tout ce qui t'arrive a pour but de te montrer que dans la trame de ta vie, j'organise les événements afin de te révéler les multiples facettes de mon caractère. Je veux que tu saches que rien ne t'arrive sans que je le permette. En toute chose, je t'invite à te rapprocher de moi. Sois sûr que je suis près de toi, et que je te comprends à fond !

Bien que certains aspects de ta vie te fassent croire que je suis loin de toi, je veux que tu saches que je suis le Seigneur de ta vie. Lorsque tu es tenté de t'agiter, assieds-toi tranquillement, et cherche ma présence. Tu seras ému... touché... et transformé par notre rencontre.

Mon ami, je t'attends à bras ouverts. Je t'invite à rejoindre ma famille. Je me réjouis à l'idée de passer l'éternité avec toi. Si tu apprends à marcher avec moi, ta vie sera une aventure remplie de joie. Le fait de savoir que je suis l'auteur de ta vie apportera une nouvelle dimension à tes journées routinières. En fait, c'est lorsque tu goûteras à ma vie surnaturelle que tu auras un avant-goût de la vie éternelle.

Je suis... vraiment... avec toi.

Ce que je te demande, c'est de rester à mon écoute, dans le calme et la tranquillité, pour que je continue à te révéler mon caractère et ma manière d'agir envers toi. Mieux tu *me* connaîtras, mieux tu comprendras mes *voies*. Le fait de me connaître te convaincra d'avoir pleinement confiance en mon œuvre en toi. Tu te laisseras alors modeler, ce qui te permettra d'être rempli de paix, de joie, d'espoir et d'amour.

Mon enfant, je te chéris tendrement. Que cela te remplisse de courage. Rapproche-toi de moi maintenant ! Ne crains point : je n'ai que de bonnes intentions à ton égard.

Lorsque tu contempleras tranquillement mon autorité aimante, tu commenceras à avoir une perception spirituelle accrue, ce qui te permettra de « voir » que ta vie entière a son commencement et sa fin en moi. Du berceau à la tombe, et au-delà, pendant l'éternité, je m'occupe de toi... je veille sur toi... je veux t'apprendre à avoir une foi enfantine qui t'amènera à te reposer entièrement sur moi.

Fais-moi confiance ! Je suis l'origine et le but de toutes choses. Ce qui t'arrive aujourd'hui puise sa source dans mon amour inaltérable. Chaque événement a pour but de te faire reposer davantage sur ma puissance... afin que je déverse en toi le flot de ma vie éternelle. Je *suis* l'auteur de ta foi. Je veux la faire grandir. Tiens-toi tranquille... et je remplirai ton âme... de sérénité.

Textes à méditer

Hébreux 12.2 ; 13.8
Jean 8.58 ; 10.10 ; 17.3
Deutéronome 7.9
Malachie 3.6
Jérémie 29.11

chapitre deux

je suis la parole

Je suis l'Eternel. Je suis ton Père pour toujours ; je ne me cache pas à toi et je ne fais pas mystère de mes plans. Certains pensent que je suis inconnaissable, mais c'est le contraire qui est vrai.

Depuis le début, j'ai cherché à communiquer avec mes enfants. Je suis venu te révéler mes priorités et te dire franchement et simplement qui je suis.

A maintes reprises, j'ai parlé clairement et même de façon audible à des gens ordinaires. Tout ce que je t'ai dit (dans la Bible, dans tes pensées ou dans les sages conseils que je t'ai donnés) a un but : je veux que tu me connaisses et que tu saches que je suis parfait. Je suis totalement pur.

En un mot, je suis *saint*. Quand je proclame ma sainteté, ce n'est pas pour t'alarmer, ni pour te tenir à distance. Mais mon caractère totalement pur est mon honneur et ma gloire. Oui, mon plus grand sujet de gloire est ma nature parfaite et absolue.

La parole que je t'ai adressée est une expression verbale de mon caractère. Je t'y révèle moi-même qui je suis, pour que tu me connaisses et que tu n'aies pas peur de moi de façon malsaine.

Les Saintes Ecritures montrent clairement ma nature, ma conduite et mon désir de dialoguer avec toi. Tu n'as aucune raison de douter de moi ou de t'étonner de mes plans étranges à ton sujet. Ne te fais aucun souci : j'ai prévu tout ce qu'il te faut pour ton bien-être.

Je désire que tu croies à la Bible et que tu te reposes sur elle. Elle fait partie de moi. J'en suis l'auteur. Elle a été façonnée et arrangée par moi pour te faire du bien. C'est elle qui te transmet la vérité et qui t'apporte mon Esprit et ma vie. Ne t'en éloigne jamais.

Au contraire, apprends à t'immerger, comme dans de l'eau chaude, dans les promesses et les affirmations qui te sont données pour que tu acquières des certitudes. On ne peut généralement pas se fier à ce que disent la plupart des hommes et des femmes, car leurs paroles sont trompeuses, fourbes et à double sens... mais avec moi, c'est différent ! Ma Parole est totalement digne de foi.

Elle est inviolable et éternelle parce que je le suis moi-même. Elle ne vacille ni ne chancelle, car je suis toujours le même et je ne change jamais.

Mon enfant, rien n'est stable ici-bas.

Rien ne dure dans la création,
>ni les montagnes
>ni les océans
>ni les étoiles
>ni même le ciel ou les planètes.

Même les relations humaines changent. Les organisations et les civilisations sont mouvantes. Tout ce qui est connu de la race humaine a une fin, se dissout et n'existe plus.

Comprends-tu pourquoi je suis venu te parler ? Pourquoi je t'invite à t'approcher de moi et à me connaître par ma Parole, afin d'apprendre à me faire confiance et à m'aimer tendrement ? C'est pour t'offrir la vie… la vie éternelle, dans une demeure céleste que j'ai préparée pour toi.

Je ne suis pas comme tes amis et les membres de ta famille, qui sont parfois inconstants, injustes et infidèles. Tu peux compter sur moi, établir ta vie et ton avenir sur ma bonté. Elle ne varie jamais, car je suis Dieu. Sois tout à fait tranquille et repose-toi sur moi, parce que les promesses que je t'ai faites sont certaines et invariables.

N'est-ce pas la meilleure nouvelle du monde : il existe quelqu'un qui est totalement fiable, et dont la Parole est crédible ?

Et maintenant, comprends-tu pourquoi j'ai affirmé : « Les paroles que je vous ai dites sont esprit et vie » ? Elles te transmettent l'essence même de mon Esprit de grâce. Si tu les saisis et que tu y crois, elles te communiqueront l'énergie même de ma *vie* éternelle.

Reçois ma Parole. Savoure-la. Rumine-la. Digère-la et assimile-la à ta vie en agissant d'après ses directives. En faisant cela, tu recevras quelque chose de moi. Tu participeras à ma vie et recevras de mon Esprit. Tu seras en moi, et moi en toi.

Lorsque tu apprendras à vivre dans ma Parole, tu découvriras qu'elle recèle un potentiel considérable, car je suis le Très-Haut. Ma Parole porte en elle la *puissance* et la *majesté*. Chaque fois que je commande ou que je corrige, je le fais avec tendresse.

Ce que je te dis te donnera accès à ma paix. Quand tu entreras en contact avec moi quotidiennement, tu découvriras une nouvelle dimension d'amour à chaque instant. Vis dans mon amour immuable.

Aime-moi. Et par loyauté envers moi, garde mes commandements. Obéis à mes instructions. Tu seras stupéfait de constater à quel point ta vie sera stimulée par mon Esprit, car je déverse ma vie sans mesure sur ceux qui m'obéissent joyeusement.

Contrairement à ce que des gens te diront, mes commandements ne sont ni erronés, ni pénibles. Ils te sont donnés pour ton bien. Si tu fais place à ma Parole dans ta vie, tu découvriras qu'avec le temps, notre communion ne fera que s'approfondir. Dans ce que nous accomplirons ensemble, ta volonté et la mienne ne feront plus qu'un. Lorsque ma volonté et mes voies te rempliront, nous serons tous deux en parfaite harmonie.

Mets donc ta confiance en moi, et tu jouiras de mon amour invariable. Glisse ta main dans la mienne par la foi, et tu verras que tu seras parfaitement guidé. Crois en moi, et tu trouveras du repos pour ton âme.

Apprends à être constant dans ta marche avec moi. Tu seras surpris de voir la façon dont j'honore ta foi loyale. Je me réjouis de faire des prodiges en ta faveur. Je soulèverai des montagnes pour toi – des montagnes de *doute*, de *désespoir* et de *difficultés*. J'ai le pouvoir de guérir tes maladies, d'apaiser ta détresse et de panser les blessures des années passées.

J'ai la puissance d'apporter
    de la joie à ton âme
      un espoir fantastique à ton esprit
      une douce sérénité intérieure dans ta vie.

Cinq minutes de soumission à ma Parole t'en apprendront davantage sur ma présence et sur mon pouvoir de te protéger que cinq ans de religiosité. Mets-*moi* à l'épreuve, mon bien-aimé, je t'en prie. Tu verras combien je suis fidèle.

Veux-tu vivre une grande aventure ? Accomplis simplement ce que je te demande. Tu expérimenteras alors la liberté qui est donnée à ceux qui me suivent. Décide de faire ma volonté ; dès que tu le feras, je te donnerai la capacité de mener à bien ce que tu entreprendras.

Parce que je t'ai formé avec ma Parole, je suis Celui qui agit en toi. J'ai façonné ton corps, ton âme et ton esprit. Lorsque tu *décides* de *faire* ce qui me plaît, cela t'apporte l'honneur et la vie. Quand tu es tout près de moi et que tu vis selon ma Parole, ma vie, mon énergie, ma présence et ma puissance te permettent de triompher de tes difficultés.

Souviens-toi que lorsque j'ai créé l'univers (et que je l'ai conçu pour que tu y vives) j'ai tout fait par ma Parole, que j'ai prononcée par la foi. J'ai dit :

« Que la lumière soit ! » et la lumière fut.
« Qu'il y ait une étendue » et c'est ce qui s'est passé.
« Que les eaux... se rassemblent en un seul endroit... »

« Que la terre se recouvre de verdure... »
Tout ce que je proclame s'accomplit, aujourd'hui ou dans un avenir lointain.
Alors, crois en moi à cent pour cent ! N'hésite pas et ne reste pas sur la réserve. Crois que tout est possible en moi. Fais-moi confiance. Pour moi, rien n'est trop difficile ! Mais il y a une chose que *tu* dois faire...

Aujourd'hui, décide de vivre sans crainte. Laisse ma vie se déverser en toi. Maintenant que je t'ai montré mon caractère, laisse-moi te changer pour ton bien.
Aucune philosophie
    aucune religion
        aucune idéologie
n'a la capacité de changer les hommes et les femmes au tréfonds de leur être intérieur. Avec tendresse et vérité, je tends la main aux pires parias et je les prépare à la noblesse des cieux. Je transforme la prostituée en princesse et le renégat en fils de roi. Je change le charlatan en serviteur loyal et aimant. Je fais du timide un hardi lion de la foi.
Car c'est lorsque tu te mets à me ressembler que les autres constatent vraiment que ma présence vivante est en toi.
Je travaille sur toute la terre, dans les lieux les plus divers, et parmi les hommes les plus inattendus.
Ma lumière
et mon amour
pulvérisent les ténèbres
du désespoir et de la dégénérescence de l'humanité.

Toi qui ne t'es pas jusqu'ici senti proche de moi, je te dis : Viens.
Dans la solitude
la tranquillité
l'isolement
viens me rencontrer.
Fais silence en ton cœur et apprends à me connaître.

Je suis ton Ami
ton Compagnon
ton Bien-aimé.

Viens dans la calme sérénité de ma présence.
Viens trouver la paix...
Je t'adresse un message :
« Vis en ma présence... et tout ira bien. »

Textes à méditer

Jean 1.1-3 ; 6.63
1 Jean 1.1-3
1 Samuel 2.2
Lévitique 11.44
Psaume 119
Josué 1.1-9
Actes 5.32
Philippiens 2.12

chapitre trois

je suis tout-puissant

*T*out-Puissant.

Cela semble si inquiétant. Cela t'effraie-t-il de penser que je suis *tout-puissant* ?

Je ne suis ni distant, ni indifférent. Je ne suis jamais arrogant, violent ni dédaigneux. Au contraire !

Ma force me permet de veiller tendrement sur toi. Sous ma puissante main, tu es en sécurité. Tu n'as pas à avoir peur. Quand je m'approche de toi, c'est toujours dans la paix et la bonne volonté. Je te glisse à l'oreille : « Ne crains rien. C'est moi, ne t'effraie point ! »

Aujourd'hui, je te dis : « Je viens avec puissance pour rectifier ce qui ne va pas. »

Réfléchissons ensemble quelques instants…

Durant des siècles, beaucoup ont été trompés par les mots : « La crainte de l'Eternel ». Ils ont été terrifiés et se sont dit, à tort, que j'étais inabordable.

J'étais enveloppé de mystère et d'incompréhension, et des multitudes d'hommes n'osaient même pas prononcer mon nom. Je me montrais plus puissant que les autres dieux et ils me considéraient comme plus retors et cruel que leurs idoles. La peur que je les blesse ou les rabaisse les éloignait de moi.

Mais maintenant… mon enfant, tu es entré dans mon cercle de famille. Je suis devenu ton Père. Considère-moi comme ton Ami.

Je ne veux pas que tu vives en me craignant et en te méfiant de moi. Je désire que tu me rencontres sans peur. Aujourd'hui, ne te laisse pas arrêter par la frayeur et l'appréhension. Viens à moi !

Je suis *puissant*… puissant en compassion, envers ceux qui ont l'esprit contrit. Souviens-toi que ce sont les doux qui sont les plus forts. Les puissants, ce sont ceux qui relèvent ceux qui sont tombés, ceux qui engendrent la paix.

Viens à moi sans crainte, et apprends à connaître ma puissance…

Ma puissance va au-delà de la simple force physique. Elle transcende l'énergie du cosmos, bien que tout le dynamisme universel ait sa source en moi. Et les lois complexes de l'univers physique ont été établies et mises en branle par ma force : son ordre, sa précision, sa beauté et sa progression sont des preuves que je suis à l'œuvre partout et en tout temps. Mais ma force apporte la plénitude, la droiture et la justice à un point inouï. Elle change le chaos et le mal… en *bien*.

Pour entrevoir ma puissance, examine l'ordre mystérieux de ton monde, de ton cosmos. Mon ordre extraordinaire s'y voit partout, dans les mathématiques, la physique, la chimie, la biologie.

Tout cela te montrera mes desseins. Il faut beaucoup d'arrogance pour refuser de reconnaître ma suprématie en toutes choses.

C'est l'orgueil qui aveugle, l'égocentrisme qui nie l'évidence. Ceux qui se prétendent supérieurs courent à leur perte. Ils se croient sages, mais ne font que démontrer leur folie.

Pendant que les « sages » de ce monde discutent et résistent, laisse-moi te montrer la pleine mesure de ma force, qui se manifeste dans la douceur. Ma force extraordinaire ne se déverse qu'au profit des autres. Un fleuve de vie intarissable coule de moi, et quiconque s'y désaltère n'y trouve que du *bien*.

Ma puissance dans la douceur, ma force dans le don, ma bonté jaillissante sont venues jusqu'à toi par la vie de mon Fils. Contemple longtemps et avec concentration ma force mystérieuse et tu en apprendras davantage sur moi que si tu comprenais les secrets de l'univers. Car moi, Dieu, je suis venu à toi comme un homme.

Je suis né dans une famille modeste, d'une gentille jeune fille fiancée à un simple charpentier. Jamais je n'ai eu honte de ce modeste lignage. L'extraordinaire puissance de mon Esprit s'est déployée sur cette jeune fille et l'a rendue enceinte. Démonstration magistrale de mon pouvoir !

Je suis né dans une étable rudimentaire. Les témoins en furent quelques animaux, des bergers stupéfaits et des anges extasiés. Malgré son apparente simplicité, c'était l'événement le plus important de l'histoire. Je suis venu dans la chair pour proclamer la bonne nouvelle : « Emmanuel – Dieu est avec vous ! »

J'ai passé mon enfance dans l'ombre, dans l'humble ville de Nazareth, lieu de passage bien connu des frustes voyageurs de commerce apportant avec eux du sel, des soieries, des joyaux et des esclaves. Ces hommes dépravés faisaient de Nazareth un lieu de corruption. C'est là que j'ai grandi et mûri.

Dès mon enfance, j'ai appris les métiers de charpentier et de commerçant. J'ai vécu et travaillé parmi le peuple.

J'ai vu
  la convoitise
  les disputes
  les bagarres

les mensonges
les coups fourrés.
J'ai travaillé parmi
les vauriens
les hommes à tout faire
les adultères
les religieux
les hypocrites.

Et pourtant, grâce à ma force intérieure, je n'ai pas été corrompu.

Au début de mon adolescence, j'ai eu l'insigne honneur de visiter le grand temple de Jérusalem. Sous ses colonnes massives, je me sentais comme chez moi. Après tout, c'était la maison de mon Père ; elle avait été bâtie en son honneur. J'ai été submergé d'enthousiasme en me plongeant dans de grandes discussions avec les sacrificateurs au sujet de la vérité éternelle – de ma vérité.

Ils ignoraient qui j'étais. Ma clairvoyance les stupéfiait, ainsi que Joseph et Marie. Mais je n'en tirai point d'orgueil. Je n'éprouvai pas le besoin de faire étalage de ma sagesse, ni de me mettre en avant.

De retour à Nazareth, j'ai manié le marteau, la scie et le burin pendant de nombreuses années. J'ai fait de bon cœur ce travail pénible. Je ne me suis jamais considéré comme une victime des circonstances. Je n'ai pas été gêné de grandir parmi des gens simples dans une humble demeure.

Parmi la sciure, les copeaux, les planches de chêne, d'acacia et de cèdre, je vivais réellement en vainqueur. J'étais le charpentier de Nazareth, réputé pour la qualité de ses jougs, de ses lits, de ses tables et de ses bancs. On savait que je demandais juste le prix qu'il fallait, que je payais bien et que j'étais parfaitement honnête. Grâce à cela, j'étais considéré et influent dans ma communauté.

Oui, oui, mon ami, je sais très bien que les gens aimaient franchir le seuil de mon atelier – que ce soit pour s'abriter du soleil, pour parler de leurs maux de tête ou pour commenter un événement, en venant respirer un parfum plus suave que celle de bois de cèdre fraîchement scié. Tous ressentaient ma force et ma sérénité.

Les enfants, en particulier, étaient fascinés par mon atelier poussiéreux. Ils promenaient les doigts dans les copeaux de mon établi, plongeaient les orteils dans la sciure qui couvrait le sol et venaient se blottir près de moi. Je les serrais tendrement dans mes bras pendant un long moment...

Ma force s'est surtout révélée dans les événements quotidiens. C'est comme cela que les gens du peuple ont entrevu la divinité. C'est pour cela que j'ai dit : « Celui qui m'a vu a vu le Père. »

Un jour, j'ai posé mes outils de charpentier, et je suis allé mener une vie publique, un peu comme celle des prophètes de l'Ancien Testament. J'ai alors montré ma puissance de façon spectaculaire.

J'ai changé l'eau en un délicieux vin rafraîchissant.

D'un mot, j'ai guéri les malades.

J'ai apaisé les vents violents et les flots furieux.

J'ai brisé les liens de la mort et ressuscité plusieurs morts.

J'ai aimé ceux qui étaient perdus et méprisés et j'ai lu dans leur cœur.

J'ai multiplié des pains et des poissons pour rassasier des milliers d'hommes.

J'ai libéré des possédés de la tyrannie des démons.

J'ai expliqué la vérité grâce à de simples paraboles que tous comprenaient.

J'ai gagné la confiance des parias.

J'ai subi les affres de la crucifixion pour ton salut.

J'ai triomphé de la mort et de la décomposition de mon corps.

Je suis sorti du tombeau dans un extraordinaire jaillissement de puissance et de vie !

Et pourtant, aucune de ces démonstrations n'a eu pour but d'*exhiber* orgueilleusement ma puissance. Elles n'ont pas été accomplies par goût du sensationnel, ni conçues pour impressionner les hommes grâce à mon prestige.

Non. Tout cela n'a été fait que pour te servir, car mon plus grand honneur a été de me donner à Dieu en ta faveur, que ce soit pour accomplir un miracle ou pour mourir à ta place. J'espère que tu me comprends.

Je te le répète, si j'ai une force incomparable, c'est pour ton bien. Ma puissance ne se déploie que pour

    veiller sur toi

    te protéger

pourvoir à tes besoins
et faire en sorte que ton pèlerinage terrestre se passe bien.

Tout ce que je suis et ce que je fais, je l'accomplis dans un but désintéressé. C'est la source même de ma puissance. Je te l'ai dit, je suis *amour*. Je ne suis ni faible, ni sentimental ni sensuel, mais je suis

désintéressé
rempli d'abnégation
et prêt à me sacrifier au profit des hommes.

En un mot, je me donne moi-même aux hommes afin de les sauver.

Ce secret de ma force soutient tout l'univers. L'ennemi de ton âme te trompe en te faisant croire que ton premier but et ton plus grand plaisir dans la vie est de te plaire à toi-même, de satisfaire tous tes caprices et de t'élever toi-même. Cette terrible supercherie a détruit des millions d'âmes.

Mais si tu viens à moi, mon ami, tu pourras faire appel à moi et avoir part à ma puissance. Joyeusement, librement et de bon cœur, je te donnerai ma vie. Je déverserai mon esprit dans le tien afin que ton âme, ton intelligence, ta volonté et tes émotions correspondent aux miennes, et je te donnerai la puissance de la Vie !

Faible créature humaine, je t'invite à être remplie de ma force !

Textes à méditer

Genèse 17.1-2
Psaume 53.1-3 ; 91.1-16
1 Corinthiens 1.18-29
Luc 2.1-51
Jean 14.1-31
Matthieu 20.25-28

chapitre quatre

je suis la vérité

*D*ans l'univers entier... de tout temps et éternellement... dans chaque décision que tu prends... rien n'est plus important que la *vérité*.

Comprends-tu ce qu'elle est ?

Pour parler le plus simplement possible : ce que je dis est totalement vrai parce que je suis la vérité personnifiée et que toute vérité, de tout temps, a eu sa source en moi.

La vérité est constante et invariable parce qu'elle est fondée sur mon caractère immuable : je suis sage, et je suis éternel. La vérité qui tire de moi son origine est semblable. Elle demeure la même d'âge en âge, de génération en génération, quels que soient les changements apportés par les hommes, les cultures ou les civilisations. La vérité est donc un principe, ou si tu préfères, une promesse, qui s'exprime dans la vie d'une personne.

Elle est immuable... quels que soient ton point de vue, ta façon de la considérer, l'angle à partir duquel tu la vois. Tu ne peux la modifier pour satisfaire tes projets. Ma vérité est
>   totalement inviolable
>   fiable à cent pour cent
>   enracinée dans ma bonté sans faille.

Mais, mon bien-aimé, l'un de ses aspects échappe à la plupart des hommes...

La vérité reste purement théorique tant que tu n'agis pas selon elle avec foi. Si tu le fais, elle dégagera une grande force intérieure qui t'affranchira. Oui, elle te *libérera*
>   de la tromperie
>   de la fausseté
>   de la stupidité
>   de l'esclavage du péché
>   de l'asservissement à ta vieille nature
>   et à Satan.

Si tu veux agir avec vérité, tu recevras le pouvoir d'être libre – libre parce que tu me suis. Ta vie toute entière sera alors affranchie et protégée. Tu seras en moi. Je suis la Vérité.

A la différence des meilleurs êtres humains, je ne te décevrai pas. Jamais je ne trompe ni ne mystifie ceux qui se confient en moi.

Je te dis cela pour mettre un terme à tes interrogations sans fin : quiconque *vit* dans la vérité – quiconque persévère dans mes instructions et se soumet à mes commandements – prospérera en esprit. Rester en ma compagnie requiert une certaine discipline et un prix élevé, mais si tu marches avec moi, tu vivras une aventure extraordinaire.

Plains tous ceux qui rejettent la vérité – qui l'ignorent comme si elle ne valait rien, qui rejettent ma Parole et la tournent en dérision. Ils courent à l'échec. En ignorant la vérité, le monde ploie sous le fardeau des pays dévastés, des foyers désunis, des espoirs déçus et des cœurs brisés.

Comme la loi de la gravité, une autre loi est à l'œuvre dans l'univers : celle du péché et de la mort, qui détruit le monde. Elle t'incite à commettre des mauvaises actions, et cela depuis le jour de ta naissance. Elle ne relâche jamais ses assauts. Que tu l'ignores ou que tu t'en moques, elle ne cesse pour autant d'exercer une pression et une influence considérables sur toi. Si tu rejettes la force que je veux te donner pour triompher de la loi du péché et de la mort, tu seras brisé et anéanti par elle.

Ta société (qui se prétend si « sage ») refuse de croire que le péché mène à la mort. C'est pour cela qu'elle rejette
>   ma Parole
>   ma vérité.

Elle me méprise, dédaigne mon peuple et attaque mes messagers. Et en même temps, elle se demande pourquoi tout va de travers dans le monde. Elle déplore le fait que la culture soit en crise. Elle redoute la violence et les tragédies.

Le monde est sens dessus dessous, prêt à basculer dans l'anarchie. Les hommes n'osent plus avoir confiance en leurs semblables. Les promesses ne signifient plus rien. Tout cela parce qu'ils ont abandonné ma vérité et choisi de croire au mensonge. D'après eux, chacun est libre de vivre à sa façon.

Cette idée fausse les fait courir à la catastrophe…

Mais toi, mon enfant… *vis dans la vérité*.

Fais corps avec moi, et ma force, mon énergie et mon enthousiasme t'élèveront au-dessus de la pression du péché et de la mort. M'obéir et me suivre sur le chemin de la vérité, c'est être libéré… marcher avec moi… courir à ma suite ! *Avec moi…* tu surmonteras les obstacles de la vie.

Je ne t'ai pas caché la vérité. Je t'ai prévenu (« Dans le monde, vous aurez à souffrir des afflictions ») car le monde déchu est source de tribulations incessantes. Mais tu resteras en paix, car j'ai ajouté : « Mais courage ! Moi, j'ai vaincu le monde. »

Viens à moi chaque jour, à chaque instant, et je viendrai à toi. Je t'entourerai et te remplirai de ma présence. En demeurant en moi, tu recevras ce qui t'est nécessaire pour accomplir mes commandements. En vivant ainsi, centré sur ma vérité, tu auras part à ma vie éternelle, tu trouveras la plénitude et tu triompheras des attaques dirigées contre toi.

Je désire ardemment pénétrer dans chaque domaine de ta vie. C'est mon vœu le plus cher. Ouvre-toi à moi et à ma vérité ! Je suis capable de
>   renouveler ton esprit
>   canaliser tes émotions
>   stimuler ta volonté.

C'est ce que je fais lorsque je sauve une âme de l'esclavage de sa vieille nature, du péché et de son ennemi juré, Satan.

Ma présence avec toi et en toi par mon Esprit exerce une influence purificatrice extraordinaire sur ta vie. Mon Esprit, ma Parole et ma puissance vivifient ton esprit. Tu deviens beaucoup plus réceptif à ma voix et à mon rôle dans ta vie. Comme mon Père et moi sommes un en Esprit, nous œuvrons en toi pour purifier ta conscience de tout mal. Nous faisons un en Esprit avec toi.

Lorsque la vérité spirituelle poindra en toi, tu commenceras à comprendre mes desseins pour toi. Tu communiqueras avec moi de façon naturelle, à cœur ouvert. Tes prières seront imprégnées de ma présence. Tu seras profondément satisfait de partager ma vie. De cette manière, tu prieras dans la puissance de l'Esprit, en accord avec ma volonté pour toi.

Et alors…

Alors tu seras stupéfait de me voir accomplir ce que tu me demandes. J'honorerai ton intercession en faveur des autres. Tes prières auront un impact sur ton entourage. Grâce à ma puissance rédemptrice, je répondrai à tes humbles et ferventes requêtes. Tu me verras agir dans ton esprit. Tu comprendras ma façon d'agir dans le monde.

Ma vie et mes actions demeurent cachées à ceux qui me rejettent, ne s'intéressent pas à moi ou doutent de moi. Mais toi, mon ami, tu n'es pas du tout pareil. *Tu marches au rythme de mon Esprit* !

Tout cela est possible à celui qui
>   vit
>   marche
>   et se confie
>   dans ma vérité.

Ma vérité va influencer ton corps mortel, car j'aime habiter avec toi et en toi. Si tu me laisses prendre soin de toi, corps et âme, je te remodèlerai complètement. Tes passions débridées seront maîtrisées par ma présence. Tes pulsions seront contenues par ma puissance. Tes ambitions égoïstes seront réorientées au profit des autres grâce à ma paix en toi.

Mon enfant, je te supplie de me donner accès à ta vie quotidienne. Laisse-moi veiller
> sur ton comportement
> sur ce que tu manges et bois
> sur les vêtements que tu portes
> sur les travaux que tu entreprends
> sur tes moments de repos
> sur tes loisirs
> sur tes amis.

Tes habitudes de santé et d'hygiène m'intéressent, car je partage ta vie et demeure en toi.

Je suis la Vérité incarnée.

Ne sois pas comme ceux qui disent : « C'est mon corps. J'en fais ce que je veux ! »

Je suis la Vérité, et je t'affirme que j'ai la puissance de
> restaurer ton âme
> guérir tes maladies
> te protéger du danger
> te faire vivre en paix.

Laisse-moi contrôler ta vie, et ma vérité te transformera.

Textes à méditer

Jean 8.28-36 ; 14.1-14, 20-27 ; 16.29-33
Deutéronome 10.12-14
Galates 2.19-20 ; 3.1-2
Romains 8.1-28

chapitre cinq

je suis miséricordieux

Mon ami, tu vis dans un monde qui devient chaque jour de plus en plus dur, cruel, violent et terrifiant.

Sur la terre, les hommes recherchent la paix, mais ils ne trouvent que
      le chaos
      les émeutes
      la terreur.

Les grands qui gouvernent se demandent comment apporter une aide humanitaire aux peuples en détresse, mais les conflits civils, les guerres sanguinaires, les carnages cruels et l'exploitation sans pitié continuent.

Je suis profondément bouleversé de voir l'atroce cruauté et la dépravation des hommes. J'ai pleuré face à la dureté du cœur de Jérusalem, et je pleure aujourd'hui sur la cruauté de tes contemporains. Comme j'ai moi-même été crucifié par des bourreaux sans cœur, je ressens profondément la souffrance et la douleur des victimes.

Non, je ne suis pas une déité privée de sentiments, comme beaucoup de gens l'imaginent. Ils me considèrent comme un être froid et insensible. Mais je n'ai rien d'un spectateur indifférent. J'ai marché parmi vous, j'ai porté vos fardeaux et j'ai été touché par vos détresses.

Alors, maintenant, je suis *ému* de compassion lorsque j'entends gémir les opprimés. Je ressens *personnellement* la souffrance de ceux qui ont perdu leurs bien-aimés d'une façon violente et brutale. Je souffre chaque fois que des innocents sont agressés, violés et meurtris par la folie des hommes.

La cruauté de vos agissements, les pratiques perverses de votre temps et la méchanceté de ce monde me blessent toujours. Je suis crucifié dans de terribles souffrances par les péchés des hommes et des femmes qui méprisent ma miséricorde et rejettent ma grâce, préférant se dévorer mutuellement.

Et parce que j'ai souffert, j'ai acquis l'autorité de vous traiter avec grâce et bonne volonté, malgré vos attitudes perverses et les terribles atrocités que vous commettez.

Parce que j'ai souffert, je suis miséricordieux, bon et rempli de grâce, pour t'aider à triompher.

La miséricorde est un aspect fondamental de mon caractère et non un vernis superficiel. C'est elle qui préserve cette planète. C'est elle qui vient à toi, alors que tu es plongé dans le désespoir, pour t'apporter l'amour, la lumière et ma vie même.

Pour te souvenir de ma miséricorde, il suffit que tu contemples ma création : tu la verras clairement chaque jour...

Tous les matins, tu penses : « Le soleil se lève ! », que la terre soit illuminée de ses rayons ou que le ciel soit voilé de brouillard, de nuages et de pluie.

En fait, la planète effectue une rotation dans l'espace sur son axe, en suivant une trajectoire précise autour du soleil. Aussi la surface du globe est-elle exposée quotidiennement aux bienfaits de la lumière et de la chaleur, pendant que la terre tourne autour du soleil. Et sa révolution annuelle garantit un cycle des saisons régulier – une nouvelle croissance au printemps, une vague de chaleur l'été, d'abondantes récoltes en automne et un paisible repos en hiver.

Cette rotation et cette révolution continuelles de la terre sont mon œuvre ; je les ai établies, dans mon amour, pour perpétuer la vie sur la planète. Toutes les créatures, de l'amibe monocellulaire au plus intelligent des hommes, dépendent du soleil pour survivre. Si la terre cessait de tourner dans l'espace, cela mènerait à la destruction et à la mort.

> C'est grâce à ma miséricorde
> nouvelle chaque matin
> qui se voit à l'œil nu à chaque lever de soleil
> que les hommes, les bons comme les méchants
> jouissent de mes faveurs.

Ma compassion s'étend sur tous les hommes ; dans ma *bonté* et ma *sollicitude*, je la déverse abondamment.

Tu n'as pas besoin de la « gagner ». Tant d'hommes me bafouent ouvertement et refusent de me laisser gouverner leurs affaires ! Ils proclament avec arrogance qu'ils sont maîtres de leur destinée (bien qu'ils rejettent le blâme sur moi chaque fois qu'une catastrophe se produit).

Ce qui est vrai pour le soleil qui se lève chaque matin s'applique également à la pluie qui tombe sur la terre. De saison en saison, un système climatique régit le globe, produisant la pluie, le brouillard et la neige venant des vastes océans... pour rafraîchir la terre... former de magnifiques lacs... et constituer des sources, des rivières et des fleuves.

Très peu de gens discernent mes soins attentifs, ma générosité et ma miséricorde, alors qu'ils reçoivent quotidiennement de multiples bienfaits de ma main. Beaucoup, par ignorance ou par stupidité, disent : « Il n'y a pas de Dieu ! »

Et pourtant, dans ma grande patience, je ne cherche jamais à me venger, et quoique je sois bafoué, je ne rends pas le mal pour le mal. Bien que beaucoup d'hommes dédaignent ma miséricorde, ma bonté et ma générosité, je continue à faire grâce jour après jour et à déverser mes bienfaits sur la terre.

C'est par ma miséricorde que je fais lever le soleil... se suivre les saisons... et se déverser la pluie en ta faveur. Prête l'oreille à mon cri, car la fin d'une ère est proche !

Ma bienveillance ne se déverse pas seulement au travers des systèmes physiques de l'univers, mais aussi dans les fibres morales et spirituelles du cosmos. Si ce n'était pas le cas, ce seraient le chaos et l'horreur qui prévaudraient. Le monde serait englouti dans les ténèbres et l'oppression.

Ma bienveillance produit la lumière, l'ordre, la beauté, l'unité et l'harmonie dans l'esprit, les émotions et la volonté des hommes et des femmes. C'est elle qui a permis que la paix règne entre moi et l'humanité, ainsi qu'entre les hommes.

Tout ce qui est noble, édifiant et qui inspire provient de ma miséricorde, qu'il s'agisse de belle musique, de livres bien écrits, de merveilleux tableaux... tous puisent leur source dans ma bonté persévérante et dans ma généreuse bienveillance.

Dans ma miséricorde, je t'ai entouré
    d'océans tumultueux
    de lacs étincelants
    de rivières rafraîchissantes
    de sources et de torrents
    de champs fertiles
    de pâturages ondoyant sous le vent
    de forêts parfumées
    de fleurs en boutons.

J'ai fait jaillir les montagnes majestueuses, et de minuscules organismes biologiques sont apparus.

Et pourtant... au sein de cette magnificence, les hommes ont choisi de vivre en rébellion contre moi. Ils défient les lois que j'ai établies pour leur bien-être personnel !

Orgueilleusement, les hommes préfèrent rejeter les contraintes, céder à leurs passions, s'élever eux-mêmes, exploiter la terre, polluer leur environnement, se déclarer la guerre, se livrer à la violence et au carnage.

Au sein de cette folie destructrice, des millions de voix hurlent leur angoisse et leur douleur : « Qu'est-ce qui ne va pas dans ce monde ? Où est Dieu ? Pourquoi nous a-t-il abandonnés ? »

Ces gens pleurent parce qu'ils ont été trompés par un mensonge. L'adversaire de leur âme (mon ennemi juré, le diable) leur susurre : *Dieu t'a abandonné. Alors, vis en rébellion ouverte, et défie-le franchement. Fais ce qui te plaît. Vis à ta façon. Fais tes choix personnels.* Au lieu de trouver la lumière, ils basculent dans les ténèbres. Au lieu de connaître l'amour, ils sombrent dans le désespoir. Au lieu de découvrir la vie abondante, ils meurent dans la perdition.

Mon enfant...

Mon enfant ! Dans ma compassion, je m'approche de toi et de ceux qui veulent bien me recevoir. Je viens pour chercher, secourir, délivrer... Je viens pour libérer ceux qui sont emprisonnés par leurs intérêts égoïstes et par l'ennemi de leur âme. Pour les affranchir de leur inimitié contre moi...

Nul ne peut pleinement saisir l'inimitié qui existe entre l'âme de l'homme rebelle et son Créateur miséricordieux. L'effroyable orgueil du cœur humain se dresse comme un écran entre lui et ma bienveillance. Dans les ténèbres de leur colère et de leurs idées fausses, les hommes et les femmes me méprisent et me rejettent, bien que je leur fasse beaucoup de bien.

Je vous ai appelés mes enfants, et pourtant, quand je suis venu vers vous sous la forme d'un humble nouveau-né, le roi Hérode a comploté de m'assassiner. Plus tard, j'ai connu trois années mouvementées au cours desquelles j'ai été en butte aux attaques constantes des autorités religieuses. Les sacrificateurs et les scribes étaient incapables de « voir » – autrement dit, de comprendre avec une perception spirituelle claire – que j'étais venu pour réconcilier les hommes avec moi-même. Ignorant totalement ma nature divine, ils m'ont accusé d'être un démon, alors qu'en fait, ils se rangeaient d'eux-mêmes dans le camp de mes ennemis !

On a tenté de me faire mourir à plusieurs reprises. A Nazareth, la foule a essayé de me pousser du haut d'une falaise pour se débarrasser de moi.

Ensuite, l'heure de mon sacrifice suprême a sonné. Dans mon corps et mon âme, je me suis livré à mes ennemis afin d'expier leurs péchés contre Dieu.

Alors, un mécanisme mystérieux s'est enclenché… Cela a commencé par des heures d'angoisse dans le jardin des Oliviers… Puis, mon ami Judas m'a odieusement trahi… Les sacrificateurs ont organisé un simulacre de procès au milieu de la nuit, devant un tribunal de pacotille… J'ai ensuite enduré les cruels coups de fouet des Romains, les épines acérées, les clous… la croix de bois contre mon corps meurtri… et mon sang s'est répandu sur le sol.

Oui, j'ai été cloué sur la croix… symbole de l'infinie tendresse offerte à tous les hommes.

J'aurais facilement pu me sauver moi-même. J'ai choisi de te sauver.

Vois-tu, mon ami, le vrai pardon à l'égard des autres coûte très cher. Celui qui pardonne offre littéralement sa vie : il se donne humblement lui-même *pour payer le prix de la réconciliation.* C'est une transaction titanesque au cours de laquelle celui qui fait miséricorde prend sur lui le fardeau du crime, la colère et l'animosité pour libérer son adversaire. Et c'est ce que j'ai fait sur cette affreuse colline du Calvaire. De tout temps, des hommes et des femmes ont été libérés parce que j'ai pris sur moi leurs iniquités.

Tu sais maintenant pourquoi la paix entre toi et moi est si précieuse. Tu sais aussi pourquoi la réconciliation entre le pécheur et son Créateur est sûre.

C'est parce que je suis miséricordieux. Et, dans ma grâce, j'ai payé pour effacer tes péchés. *Personne d'autre* n'aurait pu payer ce prix.

Parce que je suis Dieu.

Textes à méditer

Hébreux 4.14-16 ; 6.4-6
Matthieu 23.37-39
Colossiens 1.16-17
Exode 34.6-9
Jacques 1.16-21
Néhémie 9.16-33
Jean 3.13-21
Luc 19.10

chapitre six

je suis omniscient

Cela me semble évident d'affirmer que je connais tout. Non pas dans le sens habituel (« compréhensif »), mais je suis *sage*… je connais et je discerne ce qui est le meilleur pour toi. C'est pourquoi je veille sur toi, comprenant totalement et parfaitement tout ce qui t'arrive dans la vie. C'est pour cela que tu peux te reposer sur moi, certain que tout est bien, car tout est entre mes mains !

> Quel réconfort suprême pour ton âme
> quelle force surnaturelle pour ton esprit
> quelle sûre fondation à ta foi en moi !

Mais dans ce monde perturbé, le fait de penser que je comprends chaque homme en particulier... que je sais tout sur chaque être humain... et que je suis sage dans toutes mes voies... a quelque chose d'alarmant. Je vais t'expliquer pourquoi.

Trop de gens se cachent derrière une façade. Depuis leur plus tendre enfance, on leur a appris à donner en permanence l'image de quelqu'un qui « réussit ». On leur a inculqué la pensée de se cacher derrière un masque flatteur... comme s'ils couvraient leurs imperfections sous une couche de maquillage.

Mais derrière cette façade, leur véritable caractère est parfois très corrompu. Ils deviennent hypocrites et prétendent être impeccables alors que ce n'est pas le cas. Cette sorte de bluff a des buts égoïstes : ils amènent les autres à agir en leur faveur, à les voir tels qu'ils aimeraient être !

Il n'est pas surprenant qu'ils soient effrayés lorsqu'on leur apprend que Quelqu'un est capable de les voir tels qu'ils sont sous leur camouflage. N'est-il pas terrifiant d'apprendre que la vérité est connue ?

Rien d'étonnant au fait que des millions d'hommes répugnent à me rencontrer ! C'est pourquoi
      les égocentriques
      les arrogants
      les propres-justes
répondent si rarement à mon appel. Qui voudrait être démasqué, découvert, pris sur le fait ?

Tu comprends maintenant pourquoi j'ai dit : « Ce ne sont pas des justes, mais des pécheurs que je suis venu appeler à changer de vie ». Tu t'expliques l'indifférence de certaines personnes lorsque tu leur parles de moi. Elles préféreraient nettement *ne pas* me rencontrer, car ce contact serait perturbateur et désagréable pour elles.

Il y a une autre raison pour laquelle la plupart des hommes et des femmes sont alarmés à la pensée que je sais absolument tout. Si c'est vrai, cela implique qu'ils doivent se soumettre à ma direction. Si je suis la sagesse et la connaissance personnifiées, j'ai le droit de diriger leurs décisions. Mais cela signifie qu'ils doivent me laisser contrôler leur vie !

La forteresse la plus imprenable de l'âme humaine est sa volonté – ce fort désir intérieur de voir ses propres droits reconnus. Les hommes prétendent avoir le droit de faire leurs propres choix dans la vie. Ils veulent agir à leur manière, aller où bon leur semble, être leur propre maître, même si leur indépendance ne les mène qu'au désespoir et à l'autodestruction.

Cette résistance forcenée à me laisser contrôler leur vie et à se fier à mes soins bienveillants se retrouve même chez mes enfants. Si peu d'entre eux se reposent totalement sur moi et se fient entièrement à mon amour et à ma loyauté ! Cela m'afflige toujours…

D'autres refusent de me soumettre leur intellect.

Je ne veux pas dire par là que l'intelligence soit mauvaise. Crois-tu que je tiens en haute estime l'ignorance volontaire et la paresse intellectuelle ? Non. Je parle de ceux qui ont choisi de faire de leur brillante intelligence un obstacle entre eux et moi.

Un grand nombre de ces hommes et de ces femmes éprouvent un profond ressentiment envers moi. Ils contestent fréquemment ma gestion de l'univers. Ils tournent en ridicule ma personne et ma sagesse. Certains fulminent et tempêtent ouvertement contre mon intelligence, allant même jusqu'à prétendre que je suis dépassé à l'ère moderne.

Ces hommes arrogants s'acharnent à pousser l'opinion publique à nier jusqu'à mon existence. Dans leur folie, ils rejettent ma Parole, ma vérité, ma sagesse infinie – que je leur offre pour leur bien ! Dans leur ignorance et leur animosité, ils bafouent mon nom et persécutent les humbles créatures qui ont mis leur foi en moi.

C'est toujours de cette façon qu'ont agi les cyniques.

Laisse-moi te rappeler une fois de plus, mon enfant, qu'inévitablement, les hommes et les femmes doivent faire un choix. Vont-ils répondre à ma sagesse compatissante ou poursuivre leur propre sentier d'indépendance orgueilleuse ?

Je suis venu à toi parce que je sais très bien que tu ne me chercheras pas et que tu ne me trouveras pas si je ne m'approche pas d'abord de toi !

Quand je regarde la terre, je vois des parents qui méconnaissent leurs enfants, des enfants qui ne comprennent pas leurs parents ou d'autres adultes, des frères qui se dressent contre leurs sœurs, des sœurs dont la vie est empoisonnée par les rivalités et les malentendus. Des conjoints vivent ensemble depuis des dizaines d'années en étrangers ! J'entends des multitudes d'hommes s'écrier avec désespoir : « Oh, si seulement quelqu'un me comprenait ! »

Je sais que tu désires être compris. Tu veux être traité avec bonté, miséricorde et compréhension. Et moi, je me tiens près de toi pour répondre à ton attente ! Je m'approche de toute âme en détresse qui aspire à être comprise… à être *connue* !

Je viens vers ceux qui m'implorent parce qu'ils sont déçus et désespérés… perdus et morts intérieurement… solitaires et incompris. Oui, je viens. Ce n'est jamais ma volonté qu'une âme périsse. Tu n'auras pas assez de ta vie entière pour découvrir à quel point je suis au courant de tout ce qui te concerne.

En fait, j'ai commencé à te connaître… longtemps avant que tu sois né…

Moi, le Dieu vivant et éternel, je suis le seul à connaître parfaitement la combinaison complexe des gènes de tes chromosomes.

Dès que tu as été conçu dans l'utérus de ta mère, j'ai vu chaque caractéristique et chaque trait de caractère que tu as hérités de tes ancêtres. Je sais très exactement dans quelle mesure tes parents, tes grands-parents et tes ancêtres ont contribué à forger ta personnalité unique au monde.

Qui serait capable d'en faire autant ?

Les gens sont intrigués par le comportement des autres et déconcertés lorsque leur manière d'être est inhabituelle. Ils critiquent ce qu'ils ne s'expliquent pas. La plupart ne parviennent même pas à se comprendre eux-mêmes !

Est-il surprenant que les hommes éprouvent tant de confusion et de tensions ? L'accumulation des incompréhensions mène à l'hostilité, à la haine et à la cruauté. Le monde est déchiré : les familles se disloquent, les amis se brouillent, les personnes seules sombrent dans le désespoir. Ils se tournent vers des hommes de loi, des psychologues, des conseillers ou des psychiatres pour essayer de sortir de leurs problèmes.

Et moi, pendant ce temps, j'attends patiemment qu'ils se tournent vers moi pour recevoir des instructions, de la sagesse et du repos. Je suis le Conseiller par excellence.

Viens à moi, et tout d'abord, je te donnerai la paix. Laisse-moi changer ton désespoir en allégresse. Suis-moi avec une foi paisible afin de trouver des eaux tranquilles pour ton âme. Mon amour inondera ta vie !

Parce que j'ai tissé chacune des fibres de ton être, je te connais mieux que quiconque ! J'ai compassion de ta faiblesse comme un père a compassion de ses enfants. Je te conseille comme ton compagnon le plus proche. Je te réconforte comme un véritable ami. Laisse-moi combler tes besoins dans ce monde éreintant. Ne t'éloigne pas... Viens tout près de moi !

Je connais
    chacun de tes mouvements
    chaque lieu où tu choisis de vivre, de travailler
    ou de t'amuser
    chaque personne qui t'influence.

Bien que cela paraisse stupéfiant, dans mon infinie sagesse et mon omniscience, je n'ignore rien de tes pensées, de tes attitudes et de tes choix. Tu peux te dissimuler, même à ton meilleur ami, mais pas à moi ! Je sais tout de toi, le pire comme le meilleur. Ne t'effraie point ! Au contraire, tourne-toi vers moi et découvre à quel point tu m'intéresses.

Jamais je ne te réprimanderai ni ne te rabaisserai. Je te tends les bras en signe de bienvenue... de pardon... d'acceptation... de chaleureuse tendresse... à l'instant même... tel que tu es.

Viens à moi tel que tu es aujourd'hui. Jette-toi dans mes bras sans crainte.

Tu seras stupéfait de constater à quel point je te connais.

Tu sauras ce que sont la paix et le pardon, parce qu'enfin, tu me rencontreras.

Textes à méditer

Psaume 34.1-22 ; 104.24-35 ; 139.1-18
Luc 12.22-32
Jean 1.47-49 ; 4.3-30 ; 15.14-17
Proverbes 1.33-2.7

chapitre sept

je suis la grâce

Chaque fois que quelqu'un me rencontre personnellement, il est stupéfait de découvrir que je suis un Dieu de grâce. Toute ma personne en est imprégnée. Quoique je sois tout-puissant, je suis accessible, parce que la grâce (la bonté qui me caractérise) se déploie abondamment sur la vie de ceux qui s'approchent de moi.

Satan, le trompeur, qui est notre ennemi juré, voudrait te faire croire que je juge ta conduite de façon impitoyable et que je ne passe sur aucune faute, si petite soit-elle.

Mais je suis un Dieu gracieux.

Peut-être ne comprends-tu pas cet aspect de mon caractère. Ma grâce n'est pas seulement ma nature même ; elle est également la bonté éternelle qui régit mes actes. Elle est l'essence de ma grandeur, de ma générosité dans ma manière d'agir envers les hommes.

Peut-être as-tu chanté le cantique favori de millions de chrétiens : « Amazing Grace, greater than all my sins ! » (Grâce merveilleuse, plus grande que tous mes péchés).

Mon nom est synonyme de grâce. Je *suis* plus grand que tes péchés ! Je suis le Dieu éternel de toute grâce. Je me donne sans compter pour les âmes qui périssent. Ma vie se déverse en ta faveur : c'est ma grâce. Ma vie et ma grâce sont inséparables :

    Je soutiens le cosmos : c'est par ma bienveillance

    Je rachète ceux qui sont perdus : c'est par pure faveur

    Je te régénère de fond en comble : c'est un don gratuit.

Beaucoup de théologiens se lancent dans des débats pontifiants sur la grâce, comme si elle servait de prétexte à l'élaboration de doctrines compliquées.

Mon enfant, si tu *t'approches* de moi avec simplicité, tu comprendras facilement ce qu'est la grâce. Lorsque tu me rencontres avec un cœur d'enfant, tu vois ma bienveillance. Quand tu te jettes dans mes bras, tu es environné de ma grâce... c'est-à-dire de moi.

    Tout ce que je suis

    ce que je fais

    ce que je te dis

    est l'expression de mon amour désintéressé.

Je me suis approché de la race humaine avec bienveillance à Bethléhem.

J'ai vécu au milieu des hommes et je leur ai fait du bien, gratuitement.

J'ai touché les hommes déchus et désespérés, par ma miséricorde merveilleuse.

J'ai absous les pécheurs, par mon pardon rédempteur instantané.

J'ai donné ma vie pour les hommes perdus, par ma faveur généreuse.

J'ai vaincu le péché, la mort et l'Ennemi, par ma puissance désintéressée.

Je suis ressuscité avec puissance et grâce afin d'être le Souverain suprême de l'univers.

Je suis pure bienveillance, don gratuit, faveur imméritée !

Ecoute l'histoire vraie d'un homme qui a compris la grâce. C'était un véritable homme d'honneur, honnête, humble et loyal. Il se nommait Abraham Lincoln.

Un jour, il passa devant un marché aux esclaves. Une jolie jeune fille noire allait être mise en vente. A l'époque, l'esclavage n'avait pas encore été aboli.

Lorsqu'il vit les yeux terrifiés de la jeune fille, il comprit ce qu'elle ressentait. Son acheteur, quel qu'il soit, abuserait certainement d'elle.

Les enchères commencèrent.

A la stupéfaction de la foule, Lincoln leva la main afin d'acquérir la jeune fille. Il était prêt à payer n'importe quel prix pour elle. Quand, à la fin, personne ne renchérit sur son offre, on lui amena la jeune fille terrorisée.

Elle lui demanda avec angoisse : « Qu'allez-vous faire de moi ? »

Calmement, le grand homme répliqua : « Je veux seulement te libérer. »

La jeune fille n'en croyait pas ses oreilles. Personne ne payait une telle somme juste pour libérer quelqu'un ! « Mais si, tu *es* libre ! lui dit-il. Affranchie de tes chaînes et de la honte de l'esclavage. Je ne te demande rien. Tu es *libre* ! »

A cet instant, la jeune fille comprit ce qu'était la grâce.

« Monsieur, répondit-elle, je veux rester avec vous ! » Elle était libre, mais elle voulait suivre son rédempteur en signe de reconnaissance.

C'est exactement la même chose avec moi. Je viens te libérer, en espérant que tu me suivras… afin d'être touché et transformé par ma bienveillance divine.

Et pourtant…

Les hommes ne comprennent pas ce qu'est la vraie liberté.

Ils supposent qu'ils ont le droit de faire ce qu'ils veulent. Ils pensent qu'être libre, c'est se livrer aux pires folies ou aux pratiques les plus néfastes. Mais cela n'a rien à voir avec la liberté. Au contraire, c'est le pire des esclavages. C'est ainsi qu'ils deviennent les esclaves de leurs passions égoïstes, par la puissance du péché et de la mort qui influe sur leurs désirs. Ils sont liés par la faiblesse de leur vieille nature pécheresse.

Actuellement, on appelle le mal bien et le bien mal. A la télévision, dans les journaux, les films, les livres et les chansons, la bonté est tournée en dérision.

Le mal s'oppose ouvertement au bien. La violence s'attaque à ma bonté. Votre avidité égoïste se moque de ma générosité. Quant à ma bienveillance, elle est tournée en dérision.

Et pourtant, je cherche toujours à libérer les captifs. Je veux essuyer leurs larmes et consoler leur âme marquée par le péché. Je les invite à cesser leur course effrénée vers l'autodestruction pour se tourner vers moi afin que je les libère de leur passé. Je leur offre librement le plein pardon pour leurs offenses.

Aucune manifestation de bonté humaine n'égalera jamais ma généreuse rédemption de ton âme.

Et ce n'est que le début…

Une fois que tu m'appartiendras, tu connaîtras *vraiment* la grâce.

Mes bénédictions
mes bienfaits
et mes dons

se déverseront sur toi en abondance comme une ondée. Tu n'auras pas à travailler pour les acquérir. Tu n'auras aucun prix à payer. Ce seront… mes cadeaux pour toi !

Gratuitement
je viens à toi
je t'appelle
je te choisis
je t'accepte
je te purifie
je te console
je te transforme.

Mon enfant, viens t'abreuver à ma générosité… prendre part à ma bonté… goûter aux inestimables bienfaits de ma compagnie.

Si tu te donnes corps et âme à moi, je me donnerai à toi. Cet échange t'amènera à me connaître intimement. Tu verras que ma vie se déversera en toi d'heure en heure. Je viendrai vraiment vivre en toi comme tu vis en moi.

Je désire que tu aies part à ma vie éternelle dès à présent. Elle coulera sur toi librement, abondamment comme un fleuve... le Fleuve de la Vie... et elle ne cessera jamais de couler !

Voilà ce qu'est ma grâce pour toi !

Textes à méditer

Nombres 6.22-27
Job 33.14-24
Esaïe 30.15-21
Luc 4.16-22
Jean 1.14-18 ; 8.32-36
Romains 3.20-25 ; 5.16-20
Ephésiens 2.1-10

chapitre huit

je suis patient

Mon ami, tu vis dans un monde qui souffre, un monde blessé à vif.

C'est parce qu'il est régi par le dieu impitoyable de la terre : Satan, l'infâme trompeur. Il se plaît à détruire. Il emploie la loi du péché et de la mort pour amener les hommes et les femmes à la dégradation... jusqu'à ce que les gens se fassent du mal les uns aux autres en pensant que c'est normal.

Les hommes sont devenus impitoyables, les femmes insensibles. Ils prétendent que le monde est dur et qu'ils ont intérêt à adopter un comportement égoïste. Mais un tel monde (où règne la loi de la jungle) est *anormal*. Il m'outrage et je l'ai en horreur. Il va à l'encontre de ce qui est convenable, noble et juste.

Un jour prochain, la coupe de l'iniquité humaine débordera à tel point que je devrai y mettre un terme subitement. Le jour du jugement approche.

En attendant, je compatis à la douleur de mes enfants. Je souffre avec ceux qui sont maltraités et outragés. Je suis affligé de constater l'état de la terre, peiné face aux transgressions de mon peuple. Je souffre avec toi de tes pénibles afflictions.

Cela a toujours été le cas.

Dès le début de l'histoire de l'humanité, mon affection pour vous et mon souci de votre bien-être m'ont poussé à venir vous voir constamment.

Pendant d'innombrables siècles (pendant les milliers d'années de la sordide histoire humaine) j'ai partagé votre souffrance. Ce ne sont là ni des paroles creuses, ni des lieux communs. J'ai été profondément affligé et peiné à maintes reprises.

Comme je suis omniscient, je savais que le mal envahirait la terre avant même que cette dernière soit formée. Et je savais aussi que je viendrais souffrir avec toi.

Es-tu étonné que je me soucie suffisamment de toi pour venir à ta rencontre ? Es-tu surpris de découvrir que je suis toujours là pour te secourir ? Tant de personnes pensent que je suis assis sur mon trône, très loin d'elles, indifférent à leur détresse. Non, mon enfant bien-aimé, je suis sensible à ce qui te trouble, t'accable ou te peine. Je connais la façon dont tes jours s'écoulent dans cette vallée de larmes.

Je suis patient...

A maintes reprises, ce sont mes disciples, ceux qui disent que je suis leur Seigneur et leur Père, qui m'ont causé les plus vives souffrances. Les parents humains savent à quel point leurs enfants sont susceptibles de blesser profondément leur cœur. Ce sont les êtres les plus proches de toi qui te causent les plus vives douleurs.

C'est la même chose pour moi. Les fautes de mes enfants m'attristent profondément ; leur perversité me cause une peine considérable ; leurs transgressions me tourmentent beaucoup.

Non seulement tes péchés te séparent de moi, mais ils te brouillent avec les autres. Je t'ai dit de leur pardonner. Je t'ai imploré d'être assez magnanime, généreux et bon pour pratiquer la paix et le pardon envers ceux qui te persécutent. C'est le secret de la sérénité de l'âme.

L'infini de ma miséricorde, ma bonté, mon intérêt, ma grâce, mon amour et ma générosité se déversent sur toi comme un fleuve intarissable. Ne veux-tu pas, en retour, déverser les mêmes flots de bénédiction sur les autres ? Si tu bois abondamment à ma vie surnaturelle chaque jour, il coulera de ta vie un fleuve de bénédictions qui fera du bien à ceux qui t'entourent.

Tu n'es pas obligé de vivre dans la discorde. Je désire que tu sois dans la paix et le repos.

Tu mèneras une existence unie, harmonieuse et chaleureuse, si tu acceptes le pardon que je t'ai destiné et si tu le répands sur les autres.

Hélas, trop souvent, ce n'est pas le cas. Tu laisses les conflits et les confrontations perturber ta paix et ta tranquillité. Tu permets à ton vieil égoïsme de reprendre le dessus. Il t'est si facile de retourner dans tes anciens sentiers et de te recentrer sur toi-même, bref, d'agir comme si je n'étais pas là.

Cela fait très mal au cœur d'être ignoré. C'est si triste d'être oublié et négligé par mes enfants !

Certes
> je n'ignore pas les pressions de ta vie quotidienne.
> Je sais à quel point ton mode de vie est stressant et exigeant.
> Je sais que ta famille compte sur toi.
> Je comprends que tu dois lutter pour survivre.

Je connais les raisons pour lesquelles tu es si débordé et stressé.

Mais, mon enfant, réserve-moi du temps. Cela me réjouit de voir que je compte assez à tes yeux pour que tu consacres un moment de tes journées à te recueillir sereinement près de moi. Ces instants paisibles et bienfaisants sont extrêmement précieux et enrichissants... pour nous deux.

Nos paisibles rencontres t'offrent l'occasion d'épancher ton âme devant moi. Et moi, en retour, je te dispense mes bienfaits et te donne la capacité de vivre rempli de ma force.

Tu n'as pas besoin de m'adresser des prières solennelles et guindées, ou de me « louer » jusqu'à te mettre dans un état d'excitation émotionnelle extravagant. Ce n'est pas ce que je te demande. Les prières apprises par cœur et les grands cris ne m'impressionnent pas. Ce que je désire, c'est… toi.

Je soupire après toi avec une intensité stupéfiante. Chaque être humain a été mis au monde dans un but suprême : devenir mon enfant bien-aimé, conforme à mon caractère, avec lequel je puisse communiquer harmonieusement pour l'éternité.

Tout ce que je suis
ce que j'ai fait
ce que j'ai prévu pour toi
a le même but sublime :
que tu me connaisses tel que je suis.

Pour cela, le plus sûr moyen est de me rencontrer sans cesse… jour après jour… de préférence le matin, dans le calme, la solitude et le secret.

Me connaître prend du temps et requiert ton attention, ton intérêt et ta volonté d'attendre que je te parle clairement. Cela demande que tu trouves un grand plaisir à être en ma présence. Cela implique que tu te mettes à exaucer mes désirs, à obéir à ma parole et à te confier en moi pour accomplir ce que je te demande.

C'est ce que je veux de toi.

C'est ce que j'ai attendu patiemment de toute éternité.

Je fais toujours preuve de patience envers ceux qui cherchent à me connaître. Je ne suis ni dur ni inflexible, mais j'ai compassion des méchants. Je ne condamne pas, mais je corrige les hommes afin de les affranchir de leurs mauvaises habitudes. Au-delà de tes faux pas, je vois ce que tu deviendras plus tard si tu marches avec moi.

Je te le dis en vérité, ma douce persévérance parvient à attirer des rebelles dans ma famille. Bien que cela prenne parfois des années, je ne me lasse jamais et je continue à espérer envers et contre tout.

Chaque fois que je vois une âme accablée, je désire la libérer de ses fardeaux.

Réalise que je t'ai toujours recherché pendant ta vie mouvementée. Même si tu t'es souvent dérobé et que tu as parfois foncé sans réfléchir, je t'ai guetté pour te sauver ! Et grâce à ma constance, j'ai fini par y parvenir.

Si tu comprends cela, tu seras à ton tour en mesure de refléter cet aspect de mon caractère. Tu prieras avec persévérance pour les gens désagréables et fermés, et tu auras le courage de les traiter avec gentillesse. Tu auras foi en moi pour voir plus loin que leurs échecs. Tu seras intimement persuadé que j'ai la capacité de remodeler leur vie sordide. Chacun de ces points donnera au monde un aperçu de ma patience en action. Toi et moi, nous deviendrons de vrais compagnons d'œuvre, des serviteurs endurants, prêts à consacrer leur vie à servir les autres.

Souviens-toi que lorsque je suis venu sur cette terre, j'ai consacré la plupart de mes efforts à ceux qu'on appelait des « pécheurs » : les publicains méprisés, les prostituées et les possédés. Dans leur détresse, ils ont répondu à mon appel. Ils ont désiré être régénérés, et je ne les ai pas déçus.

Aujourd'hui, la même œuvre miraculeuse se poursuit. De même que j'agis patiemment en toi, j'agis dans le cœur des autres. Je fais en sorte qu'un jour, davantage d'yeux s'ouvrent, et que beaucoup plus de cœurs humbles déclarent : « La main de Dieu s'est posée sur moi pour me faire du bien jour après jour. Je n'étais qu'un étranger pour lui, mais il m'a attiré à lui avec patience et avec un amour constant ! »

Chaque âme précieuse qui a été amenée à vivre en nouveauté de vie au sein de ma famille, a justifié ma patience et m'a apporté une immense satisfaction. Tu es à moi, et je suis à toi… pour l'éternité.

Toi aussi, engage-toi dans mon œuvre joyeuse et gratifiante avec persévérance. Tu connaîtras la joie sans mélange de m'amener les âmes perdues. Je te soutiendrai dans tes efforts pour traiter les personnes difficiles avec calme et douceur.

Et ensemble, nous triompherons !

Textes à méditer

Genèse 6.5-12
Esaïe 53.1-12
Jean 1.12
Psaume 46.1-11 ; 103.1-18
2 Pierre 3.5-9
1 Timothée 1.14-17

chapitre neuf

je suis le sauveur

*L*orsque j'ai fait mon entrée ici-bas, un ange a annoncé ma venue en disant : « N'ayez pas peur : je vous annonce une nouvelle qui sera pour tout le peuple le sujet d'une très grande joie. Un Sauveur vous est né aujourd'hui dans la ville de David ; c'est lui le Messie, le Seigneur. » Et pendant deux mille ans, des millions d'hommes ont propagé ce joyeux message dans le monde entier.

Et pourtant, des multitudes d'âmes ne savent rien de ce Sauveur. La plupart des hommes ne m'ont jamais rencontré.

L'un des problèmes est que ma naissance a été nimbée d'une atmosphère romantique, d'un langage poétique et d'une imagination fantaisiste. L'histoire de la crèche est devenue un conte presque « magique ».

Mais pour moi, le moment où j'ai fait mon entrée dans la société humaine a été une descente, un moment où j'ai quitté le trône le plus élevé qui soit pour vivre une grande humiliation. J'ai renoncé pour un temps à la majesté de la splendeur éternelle pour devenir ton serviteur souffrant. Moi qui suis Dieu, j'ai pris forme humaine.

Lorsque je suis venu les sauver, la plupart des hommes et des femmes n'ont pas compris quelle gigantesque transaction j'étais en train d'accomplir. Je ne me livrais pas à une pantomime pour t'impressionner. J'entrais délibérément et totalement dans la vie humaine. Pour que tu puisses devenir comme moi, il a d'abord fallu que je devienne comme toi. Je suis venu te sauver *entièrement*.

Mais que signifie exactement le verbe « sauver » ?

Le *Sauveur*... tel est mon titre suprême dans l'univers.

A mon sens, cela signifie que je suis le grand libérateur. Je t'affranchis totalement des dilemmes dans lesquels tu te débats. Je suis le Sauveur, le seul capable de te délivrer des difficultés et des détresses de ta condition humaine.

Je suis capable de te libérer
    des tromperies du monde
    des pièges de ton ennemi
    de la culpabilité de tes méfaits passés
    de l'emprise du péché dans ta vie quotidienne
    de l'esclavage de ton *moi*
    du regret d'avoir gâché des années de ta vie.

Je peux t'affranchir d'une existence vide et terne et te faire vivre avec un but et une grande paix intérieure en ma compagnie.

Les soi-disant sages de ce monde et le diable lui-même s'opposeront à ce que je te dis. Mais prends courage ! Je viens à toi avec des directives précises et une merveilleuse sagesse contenues dans ma Parole pour toi. Je te garde jour après jour de prendre de mauvaises décisions, je t'épargne les subtiles déceptions qui t'attendent dans ce monde semé d'embûches ; je te garde des pièges de l'ennemi et de ceux que tu te poses à toi-même.

C'est pour te sauver... que je t'ai laissé ma Parole. Tu y trouveras une vérité absolue et des solutions infaillibles.

Passe du temps à méditer les instructions précises que je t'ai données. Prends-les au sérieux. Agis délibérément en conformité avec elles. Soumets-toi à mes vœux. Tu seras surpris de voir de quelle manière, grâce à ma Parole, je te ferai surmonter tes problèmes et je te préserverai d'innombrables difficultés.

Considérons la question du *succès* (si importante dans le monde !). Tant de personnes se figurent qu'il n'y a qu'une seule sorte de succès : « Monte au *sommet*, conseillent-elles. Joue des coudes pour être le premier ! Recherche le pouvoir, le prestige et les richesses... »

Ces paroles sont à la mode, mais elles ne mènent pas à la paix : elles n'aboutissent qu'à la détresse. Ceux qui sont au sommet se rendent compte qu'ils sont haïs et enviés par leurs rivaux qui font tout pour les détrôner. Hélas, leur succès ne satisfait jamais leur âme !

Ma Parole, au contraire, te dit : « Le plus grand parmi vous sera votre serviteur. » C'est lui qui parviendra à trouver la paix.

Pour le monde, ce sont des paroles complètement insensées. Mais c'est la sublime vérité. Les rares personnes qui me suivent sur le chemin de l'humble service trouvent réellement du repos pour leur âme. Elles découvrent que je les *sauve* de bien des angoisses... car elles ne sont plus accaparées par la course au succès.

La même puissance salvatrice est à l'œuvre pour te délivrer de la culpabilité que tu éprouves lorsque tu repenses aux mauvaises actions que tu as commises autrefois. Aucun homme, aucune femme n'est irréprochable... Les erreurs de jeunesse, la recherche vaniteuse de la gloire, la poursuite effrénée des plaisirs factices, les extravagances, le comportement malsain, les grossièretés... Tout cela endurcit l'âme, corrompt le caractère et souille le corps. Et chacun a fait ce genre d'expériences. Certains se targuent d'être parfaits, mais ce n'est qu'une façade. Cependant, ils prétendent n'avoir nul besoin d'un Sauveur.

Mais lorsque tu te tournes vers moi en regrettant sincèrement ta mauvaise conduite... je suis un puissant libérateur ! Dès que tu cries : « Sois apaisé envers moi, car je suis pécheur ! » je te réponds aussitôt...

Moi, l'Ami des pécheurs, j'apporte une douce consolation à ton esprit : « Mon fils... ma fille... sois en paix... Tes péchés sont pardonnés ! »

Quelle libération de la culpabilité passée ! Je te le dis, « nul ne se souviendra plus de tes péchés. »

Comme je suis ton Sauveur, ma grâce infinie se déverse sur toi pour t'affranchir de la culpabilité... Tu es libre de me suivre avec reconnaissance. Apprendre à vivre dans la liberté est le sceau de ton salut. Car, en tant que Sauveur, j'œuvre en toi pour transformer ton caractère et ta conduite. Je suis capable de construire quelque chose de nouveau, de fort et de valable à partir de ton passé corrompu. J'ai le pouvoir de t'apporter la joie la plus éclatante, même si tu étais plongé auparavant dans les ténèbres du désespoir. Je te rachète des occupations vides et stériles de ton passé. Au lieu des récoltes dévastées par les « sauterelles » de ton comportement insensé, je crée en toi une nouvelle vie... avec des années d'abondance en perspective.

Tout cela est possible parce que je suis venu demeurer avec toi. Je transforme, refaçonne et recrée en toi un nouveau caractère qui ressemble au mien. Cette évolution se produit jour après jour au fur et à mesure que tu me laisses tranquillement agir dans ta vie.

Ce que je te demande, mon enfant, c'est de te plier paisiblement à mes simples commandements. Suis-les et tu seras parfaitement satisfait. Compte sur moi pour accomplir des prodiges dans ta vie – c'est ce que je fais toujours !

Tu seras stupéfait de constater que tu es vraiment *libéré*, non seulement de la futilité de ton ancienne vie, mais aussi de la folie de ta *vieille nature* et de ton égocentrisme.

Etre délivré du souci de soi-même qui ne mène qu'au désespoir est une chose magnifique. La plupart des gens ne se rendent pas compte qu'ils sont leur pire ennemi. Ils sont tellement enchaînés à leurs désirs ! Ils ne réalisent pas qu'ils dépensent leur énergie à satisfaire leurs pulsions égoïstes. Ils ploient sous le fardeau de la recherche du plaisir personnel, qui est un terrible esclavage.

J'invite sans cesse les hommes fatigués et chargés à venir à moi afin de trouver du repos pour leur âme... ainsi qu'un nouveau départ vers une vie abondante.

Je suis le Sauveur qui te dit : « Je désire vivre ma vie en toi jour après jour. Tu dois décider de vivre en moi, à chaque heure. »

De mon côté… je suis résolu à accomplir dans ta vie tout ce que je t'ai promis dans ma Parole éternelle. De ton côté… tu dois choisir d'obéir à mes commandements avec loyauté et dévouement, confiant que je veille totalement sur toi.

Fais simplement ce que je te dis. Apprends à dire « oui » à mes désirs et « non » à tes anciens penchants et à tes pulsions. En agissant ainsi, tu découvriras que mon énergie et ma foi te seront données afin que tu sois libéré de ta vieille nature. Je te débarrasserai de tes anciennes rancunes pour que tu fasses du bien à ceux qui te méprisent et te maltraitent. Au lieu d'avoir des réactions violentes et explosives, tu répondras calmement à tes détracteurs, comme je le ferais moi-même. Tu ne tomberas plus dans le péché à chaque instant, mais tu triompheras des pièges de ce monde. Je te remplirai de puissance pour que tu ne sois plus sous l'emprise du mal.

C'est ma présence salvatrice qui
    te donne de la puissance
    te procure la paix
    te fait marcher dans la pureté
    et triompher en tout temps.

Mais si tu veux connaître la plénitude du salut, ne marche pas indépendamment de moi. Ce serait une tromperie à laquelle je ne participerais pas. C'est le principe de base de notre vie commune.

Il faut être deux pour être amis. L'amitié fonctionne dans les deux sens. Les amis sont en communion l'un avec l'autre, ont des intérêts communs et aiment être ensemble. Ils y consacrent beaucoup de temps. Ils sont loyaux l'un envers l'autre.

Je suis ton Ami.

Je suis ton Sauveur ! Je te laisse libre de me suivre : suis-moi… et je t'affranchirai pour toujours.

Textes à méditer

Luc 2.1-20
Colossiens 2.13-15
Psaume 51 ; 57
Esaïe 43.1-7
Marc 2.1-12
2 Corinthiens 5.14-21
Philippiens 2.1-15
Matthieu 5.43-48
Josué 1.9

chapitre dix

je suis la joie

Ceux qui m'acceptent comme leur Sauveur personnel éprouvent une joie profonde, parce qu'ils me trouvent et que je suis la joie.

La joie dont je parle est une facette de mon être, distincte de ce que tu nommes le bonheur. Tant d'hommes poursuivent le bonheur avec frénésie ! Ils ignorent que le bonheur de ce monde est aussi éphémère qu'un arc-en-ciel et qu'il disparaît en un instant, laissant derrière lui des nuages de désillusion.

Le bonheur humain est temporaire, éphémère et insaisissable. Il est totalement instable, car il dépend des circonstances et des fluctuations du comportement humain.

Si tout va bien, les gens ont l'air d'être heureux.
Si rien ne va plus, c'est l'inverse qui se produit.
Dans une large mesure, le bonheur humain dépend de ta réponse émotionnelle aux circonstances extérieures de la vie. Ce que tes sens considèrent comme « bon » détermine ton état intérieur. Cela explique pourquoi si peu de gens sont totalement exempts d'anxiété, pourquoi la plupart courent sans cesse après la sécurité et la satisfaction (même ceux qui semblent avoir bien réussi dans la vie). Ce n'est pas du bonheur, mais un perpétuel étourdissement...

Contrairement à l'illusion trompeuse du bonheur humain, le fleuve abondant de ma joie coule régulièrement et sûrement à travers l'univers. Son courant prodigue le rafraîchissement, la puissance, l'enthousiasme, un solide espoir et un ferme encouragement... Sa source ne se trouve qu'en moi.

Trouve ton bonheur en moi, car je ne change pas. Je suis la vie et la joie perpétuelles. Trouver ta vie en moi te remplira d'allégresse.

Si tu me connais tel que je suis (immuable), tu découvriras une nouvelle dimension de vie surnaturelle, une vie *au-dessus* de la vie naturelle, qui n'est plus sous sa domination. Me connaître t'apportera un nouvel enthousiasme dans tes expériences quotidiennes, car le mot *enthousiasme* vient du grec *en théo*, qui signifie « en Dieu ». Lorsque tu mets ta confiance *en moi*, tu as part à ma vie, à ma joie, à ma force, et rien ne vient ravir ta joie.

Lorsque tu parviens à me connaître personnellement, l'allégresse intérieure jaillit de ton esprit. Ce n'est pas un sentiment éphémère, provoqué par tes sens, mais un fleuve intérieur de sereine puissance qui déferle en toi grâce à ma présence. Je te donne l'assurance que je suis avec toi. Sachant cela, tu découvres comment te réjouir en moi, même si tu traverses des circonstances très difficiles.

Mon enfant, le vieux monde chancelant qui t'entoure sera stupéfait de la stabilité que te procurera ma joie. Tu ne seras plus désarçonné par les changements, ni consterné par les déceptions. Ta force intérieure aura sa source en moi. Quelle joie sans mélange !

Approche-toi de moi maintenant. Je suis facile à aborder. Viens à moi… en toute confiance… et je déverserai sur toi la joie pure qui descend du ciel.

Abreuve-toi à cette merveilleuse félicité intérieure qui jaillit du fond même de ton âme. Tu prendras pleinement conscience que je ne suis pas venu pour te condamner, mais pour te libérer.

Si tu continues à marcher avec moi, dans une communion étroite, tu ressentiras une jubilation profonde, inébranlable et extraordinaire grâce à ma présence en toi. A la différence du bonheur humain, si facilement ébranlé ou réduit à néant par les circonstances, ma joie triomphera des coups durs de ta vie, parce que je serai là, avec toi, et qu'au travers de ce que tu auras à endurer, je demeurerai ta joie.

Je désire te transmettre clairement le secret de la puissance spirituelle fabuleuse exprimée dans ma joie…

Mon bien-aimé, ta joie dépend pour une large part de ta compréhension du fait que… *je suis à toi, et que tu es à moi – toujours* ! Cet échange de vie entre nous produit une énergie considérable. Sens… apprends… et réjouis-toi du fait que… tu as une grande valeur parce que tu m'appartiens.

Quant à moi, j'éprouve une satisfaction profonde à te voir te perfectionner grâce à ma présence. Jour après jour, mois après mois, tu es transformé de gloire en gloire. Au lieu d'être faible, tu acquiers de la force de caractère grâce à notre communion constante.

Tu éprouves un merveilleux *espoir*, solide comme un roc, grâce à cette transformation surnaturelle. Ce n'est pas un souhait pieux, mais l'assurance inébranlable que grâce à ma joie, tu vas réussir, découvrir mes plans et les accomplir.

Exulte de joie en découvrant le dessein que j'ai… pour toi.

Dans ce monde tape à l'œil, où l'on attache tant d'importance au *décorum*, je t'appelle à vivre dans la tranquillité, l'allégresse et l'espoir. N'aie jamais honte de proclamer partout ma loyauté et mon amour pour toi, car je suis ta joie, ton espoir et le secret de ta tranquillité dans un monde troublé.

Comme un oiseau qui chante bravement dans les ténèbres, longtemps avant l'aube, toi aussi, exulte de joie dans les heures les plus sombres, sûr de ma présence. Ton optimisme radieux ne vient pas de toi, mais de moi.

C'est de cette façon, et seulement de cette façon, que tu expérimenteras ma vie abondante. Comme ma Vie est la tienne, il coulera de toi un fleuve rafraîchissant qui renouvellera les âmes avec lesquelles tu entreras en contact.

L'intensité de ta joie dans ton caractère et dans ta conduite prouvera aux autres que tu es mon enfant.

Avec simplicité et sincérité, demande-moi de te transmettre ma vie chaque jour. Ouvre ton âme et ton esprit à mon influence ; je serai toujours fidèle au rendez-vous… et là où je suis se trouve la félicité éternelle !

Textes à méditer

Matthieu 6.23-34 ; 28.20
Psaume 16.1-11 ; 43.1-5
Esaïe 55.1-13
Josué 1.1-9
Luc 15.1-7, 11-32
Jean 15.7-11
Hébreux 12.1-4

chapitre onze

je suis fidèle

Je suis fidèle
>	dans toutes mes voies
>	dans chacun de tes jours
>	dans tout ce que dit ma Parole.
>	Je suis absolument inébranlable
>	fiable à cent pour cent
>	totalement sûr.

Dans le monde entier, tu ne trouveras jamais quelqu'un d'autre qui fasse ces déclarations. Je suis le seul qui demeure éternellement.

Tout le reste est éphémère, sujet au changement. Bien que je répète sans cesse cette vérité éternelle à l'humanité de génération en génération... seuls quelques hommes se tournent vers moi, seuls quelques uns me placent au dessus de tout, parce qu'ils sont prisonniers de l'espace et du temps. Même les plus brillants scientifiques et érudits ont oublié ce fait fondamental. Beaucoup de gens se conduisent comme si les énigmes du cosmos n'avaient plus de secrets pour eux, alors qu'ils passent à côté du plus grand des mystères, celui du temps et de l'éternité ! Ce n'est rien moins que ma fidélité, dans ce que je suis et dans ce que je fais.

Sans ma fidélité, qui soutient perpétuellement le monde physique, celui-ci se désintégrerait dans la confusion. Il n'y aurait ni loi, ni ordre, ni lignes directrices, ni beauté, ni équilibre.

Derrière le décor de ce qui se produit dans l'univers, cachée à tes yeux par ta nature déchue, se déploie ma constance inaltérable. Mais les hommes se contentent de leurs perceptions charnelles enténébrées jusqu'au moment où ils se tournent vers moi.

Quelquefois, je permets que ton monde « réel » t'abandonne, afin que tu regardes plus loin que les apparences, et que tu me trouves...

Je suis fidèle... parce que je réside au sein d'une illumination perpétuelle. Il n'y a pas une once de ténèbres en moi. En ma présence, pas de désespoir, ni de déception. Aussi suis-je totalement digne de confiance dans mes voies.

C'est sur cette base que j'invite les hommes, les femmes et les enfants à venir à moi... et à placer leur foi en moi. Car, vois-tu, mon cher enfant, je suis le sûr et ferme fondement sur lequel ton âme peut s'appuyer.

Fais-moi confiance, même un peu. *Essaie*-moi, et tu comprendras qu'il te suffit d'avoir une étincelle de foi pour que j'agisse en ta faveur. Un simple « grain de sénevé » suffit pour que tu constates ma fidélité.

Car rien ne dépend de toi, en fin de compte. C'est ma fidélité qui

> *valide* ta foi en moi
> *justifie* ta foi en moi
> et qui te rend victorieux sur le système du monde.

Mon enfant… Je t'appelle ainsi pour t'inciter à avoir une foi enfantine en moi. Je suis ton Père fidèle, qui essaie d'atteindre ton âme en recherche. Je déploie en ta faveur mes tendres soins.

Tu n'as qu'à accepter mon offre pour jouir de mes bienfaits… Ne te fie pas à ton argent plus qu'à moi. Ne compte pas sur tes ressources personnelles davantage que sur ma grandeur. Ne fonde pas ta foi sur l'ingéniosité humaine plus que sur ma sagesse. Cela m'affligerait profondément.

Je m'approche sans cesse des hommes qui se débattent dans leurs problèmes et leurs soucis. Je m'offre à les sécuriser. Mais beaucoup préfèrent mettre leur confiance en d'autres hommes, choisissant de se fier à n'importe qui, *sauf à moi*. Bien que je cherche la foi, j'en vois si peu…

Pourtant, ceux qui osent se confier en moi sont surpris de constater quelle sérénité leur procure cette foi. La confiance absolue est le secret pour trouver le repos pour ton âme et la tranquillité pour ton esprit. L'assurance que « tout est bien » parce que je suis là transcende tes soucis et te permet de triompher de l'adversité. Ce ne sont pas seulement de belles phrases ; c'est ton délice quotidien quand tu me fais confiance ! Mais il y a un obstacle…

Au lieu de rester fermement confiants en moi, beaucoup choisissent de se fier à leurs sentiments. Tu vois, tes émotions sont des réactions naturelles aux événements visibles, aux circonstances et aux relations humaines qui affectent ton existence. En réalité, c'est une manière superficielle, instable et incertaine de gérer les aléas de ton pèlerinage terrestre. Cela signifie que tu ne vis que sur la base de ce que tu *vois*, *entends*, *touches*, *goûtes* ou *sens*, avec tes cinq sens physiques. Permettre à tes émotions d'être gouvernées et conditionnées par tes sens, cela s'appelle « marcher par la vue ».

Mais moi, je t'appelle à vivre par la foi en moi. Cette foi que je te demande d'exercer est une capacité surnaturelle qui vient de moi et qui est fondée sur ma fidélité envers toi. Comme je l'ai donnée à chacun, tous les hommes ont la foi. Leur problème est de savoir sur quoi la fonder.

La plupart des hommes mettent leur foi dans
    l'éducation et la science
    les transactions commerciales
    les plans gouvernementaux
    les programmes de santé
    l'habileté et l'expérience humaines
    les activités de leur église
    la famille et les amis.

Rien de cela n'est mauvais en soi, mais tout est éphémère, fluctuant, changeant et trompeur. Moi seul demeure éternellement fidèle.

C'est à une vie de confiance absolue en moi que je te convie. N'aie pas peur de croire en moi bien que tu ne puisses ni me voir ni me toucher, car je t'assure que je ne te ferai jamais défaut. Je serai avec toi jusqu'à la fin de tes jours ici-bas... et pendant l'éternité.

Sur la terre, il n'y a point de plus grande garantie. La foi en moi est une assurance absolue pour ton âme. Viens tranquillement te confier en moi.

Mets ta foi en moi dès aujourd'hui.

Je te serai toujours fidèle.

C'est ton intelligence qui doit décider de faire ce choix, le plus cohérent et sensé qui soit, en y mettant toute ta détermination !

Ton éternité dépend de ce en quoi tu mets ta foi. Ce n'est pas une question d'émotion à laquelle on s'abandonne un moment. Les élans d'enthousiasme retombent aussi vite qu'ils sont apparus. Trop souvent, on éveille « des émotions religieuses » à coup d'histoires sensationnelles, de musique douce et d'excitation des foules. Mais je veux traiter avec toi en privé et changer ta vie en profondeur. Lorsque je t'appelle à venir à moi, tu *expérimentes* une véritable contrition d'esprit et une profonde repentance – que tu éprouves des émotions ou non.

Je t'appelle à ne plus mettre ta confiance dans des choses passagères, mais à la placer en moi.

Je suis fidèle pour te donner la foi qui t'est nécessaire.

Je suis le seul qui honorera ta foi.
Tu commenceras alors à vivre dans ma foi.
Tu auras ma vie en toi.
Car c'est moi qui suscite ta foi et qui la mène à la perfection.

C'est moi le Créateur de ta foi.
Je suis le Christ vivant qui te transmet ma foi dans le Père.
Je suis le Compagnon de tous les instants et j'ai confiance en toi.
Je suis le Sauveur suprême qui honore et défend cette foi surnaturelle dans ta vie.
Pour toi, mon bien-aimé, vivre dans la foi, c'est vivre sans appréhension et sans crainte. C'est demeurer sur un Rocher de confiance inébranlable au sein du chaos. Tu peux vivre dans la victoire.
Cela a toujours été l'un de mes buts suprêmes pour toi : que tu sois vainqueur, et non abattu. Tu seras vaillant et courageux grâce à ma fidélité.

J'honorerai instantanément ta plus petite manifestation de foi. J'agirai vraiment dans ta vie chaque jour. Tu te rendras compte que la volonté, la détermination et la ferme résolution de travailler joyeusement pour moi t'ont été données. Dès que tu décideras de croire que j'accomplirai mes desseins en ta faveur, tu seras rempli de l'énergie surnaturelle de mon Esprit.
Cela arrivera au fur et à mesure que l'harmonie et la bonne volonté mutuelle se développeront entre nous. Tu seras conduit par mon Esprit et stimulé par ma présence, même dans les événements les plus profanes de ta vie. Ta calme et sereine dépendance de moi insufflera une puissance considérable dans ta vie. Tu seras débarrassé de la peur, des appréhensions et des tourments.
Si tu réfléchis, mon enfant, tu comprendras à quel point la vie par la *foi* est différente de celle par la *vue*. Quel contraste entre ces deux styles de vie !
Ceux qui ne fondent leur vie que sur des faits observables resteront toujours loin de moi. Ils sont convaincus de procéder de la bonne manière. Leur vie semble si correcte et raffinée ! Et pourtant,

ils courent un péril extrême, et se dirigent tout droit vers la mort spirituelle.

Lorsque les douze espions israélites sont allés en Canaan pour faire une reconnaissance du terrain, ils n'ont pas eu confiance en moi, mais ils ont tenté de rassembler les « données » du problème, et la plupart d'entre eux sont revenus complètement découragés. Cela a suscité l'appréhension, la terreur, et en fin de compte, l'échec à s'emparer du pays que je leur avais promis. Seuls mes braves, Josué et Caleb, ont été des hommes de foi. Parce qu'ils ont compté sur ma fidélité à leur égard, ils ont été les seuls à s'emparer de ce riche pays par ma force. Mais les dix espions qui s'étaient bornés à relater les faits (qui vivaient par la vue) moururent dans le désert.

Vis par la foi et empare-toi d'un fabuleux territoire en mon nom. Je ne te place pas dans des situations difficiles et éprouvantes pour te terrifier. Si tu me suis, mon ami, je te serai fidèle. Je te mènerai volontairement vers des contrées nouvelles et passionnantes afin de te prouver mon invincible fidélité, où que nous allions ensemble !

Toi aussi, tu triompheras de tes problèmes.
Toi aussi, tu conquerras de nouvelles terres en mon nom.
Toi aussi, tu jouiras d'une tranquillité fantastique en ma compagnie.

Fais reposer ta vie entière sur ma fidélité. Tu seras stupéfait… car avec moi, ta vie deviendra une grande aventure !

Textes à méditer

Josué 1.1-9
Colossiens 1.9-22
Jean 1.1-14
Matthieu 17.14-21
Romains 12.1-3
Galates 2.19-20
Luc 17.11-19
1 Corinthiens 2.1-16
Nombres 13.17-30 ; 14.1-11

chapitre douze

je suis bon

*D*ans le monde, l'idée que la plupart des hommes se font de moi est absolument *le contraire* de ce que je suis en réalité.

Chaque fois qu'une catastrophe naturelle détruit des biens matériels et des vies humaines, les gens crient : « C'est la faute de Dieu ! » Les ouragans, les tremblements de terre meurtriers, les inondations, les éruptions volcaniques – on me rend responsable de ce qui produit la destruction et la mort. Tes « sages », cherchant un bouc émissaire aux calamités de la terre, décident de rejeter le blâme sur moi. Et pourtant, simultanément, ces sceptiques nient avec cynisme mon existence ! Si, comme ils le prétendent, « Dieu est mort ! », comment s'acharne-t-il à détruire ?

Il n'est pas étonnant qu'il règne une si grande confusion dans les rassemblements des « sages », que vous soyez si divisés entre vous et que le comportement humain, de manière générale, soit si bizarre.

La seule raison qui explique la folie des affaires humaines est la fausse idée que les gens se font de moi. La plupart me considèrent comme un monstre redoutable. Ils supposent que je demeure quelque part dans un coin glacé de l'espace, d'où je regarde le monde avec un œil pervers et malicieux. Ils pensent que j'éprouve un plaisir malsain à déverser sur l'humanité les catastrophes et la mort.

Est-ce ainsi que j'agis ? Regarde les « dieux » vicieux et les méprisables idoles qu'ont inventés tes chefs religieux. Pendant des milliers d'années, les hommes ont vécu dans la terreur des faux dieux, des esprits mauvais et des idoles perverses qui les maintenaient dans l'oppression et le désespoir. *Tout cela parce que les hommes croyaient que Dieu était mauvais.*

Mais c'est tout le contraire !
Je suis bon !
Je suis toujours bon !
C'est l'essence même de mon caractère !

Tout en moi est bon. Je suis la bonté même.

Tout ce que je fais, tout ce que je déclare est pour ton bien. Dans ma miséricorde envers toi, dans ma gentillesse pour toi, ma patience et ma bienveillance sont sans cesse à l'œuvre.

La plupart des hommes et des femmes ne s'imaginent pas qu'il soit possible de trouver le *bien suprême* dans cette vie. Leur âme connaît parfois d'intenses moments d'émotion intérieure où elle aspire à ce bien suprême, mais ce ne sont que des aspirations passagères qui s'évanouissent aussi vite qu'elles sont venues, en leur laissant une sensation de vide.

Et pourtant, je suis le *bien suprême*. Viens à *moi*. Rencontre-*moi*. Connais-*moi*. Expérimente ma tendresse d'heure en heure. Jouis d'une vie abondante en ma compagnie. Tout cela parce que je suis bon.

Mais ne t'y trompe pas...

❖

La vie abondante que je te propose n'est pas une existence dorée où tu satisferais tes désirs égoïstes. Elle n'a rien à voir avec le confort et la richesse qui, aux yeux du monde, symbolisent « la belle vie ». C'est plutôt une vie qui s'élève *au-dessus* du désir d'avoir de l'argent, des biens matériels et ce qui fait envie aux hommes. *Cette* conception est à l'opposé de la mienne !

Je t'invite à vivre ma vie abondante, c'est-à-dire à renoncer à rechercher les récompenses charnelles et la stimulation des sens. C'est une vie *au-dessus* des sens, où la *grâce* te suffit, où je déverse ma vie en toi pour ton bien et celui des autres.

Evidemment, tu es libre de vivre sous la domination d'un monde déchu... qui se noie dans un flot croissant de souillure, de corruption et de perversion. Tu es libre de vivre dans un monde où les hommes adorent les dieux qu'ils se sont forgés eux-mêmes. Mais les dieux créés par l'esprit des hommes déchus seront toujours un cancer moral de la civilisation. Les sociétés dans lesquelles les hommes ont créé des multitudes de faux dieux à adorer se sont toutes effondrées, plongeant des nations entières dans le chaos.

Comprends-tu que la même histoire se répète chaque fois que des hommes et des femmes répudient ma bonté, chaque fois qu'ils adoptent un comportement égoïste et méchant et l'appellent *dieu* ?

En fin de compte, chaque personne, chaque communauté ou culture accepte ou rejette la bonté que je lui offre. C'est pourquoi j'ai dit que vous deviez choisir d'être soit pour moi, soit contre moi...
J'ai toujours été méprisé et rejeté par la plupart des hommes, et aimé par une minorité de vrais amis.

La bonté
la bonté éternelle
la bonté divine
ma bonté
a toujours scindé en deux l'humanité.

L'énergie considérable de ma bonté excite l'hostilité de ceux qui font le mal. Les deux forces sont toujours en conflit ouvert : bien que je n'aie fait que du bien aux hommes, ils ont choisi de m'attaquer, et même de me crucifier de la façon la plus humiliante possible !

Penses-tu savoir ce qu'est la vie abondante ? Comment choisir entre le bien et le mal ? Sans moi, il te sera impossible de choisir le *bien*, car le mal qui se tapit au fond de la nature humaine rejette le bien. La débauche déteste ceux qui sont honorables. La corruption hait ceux qui sont vraiment nobles.

Choisis-moi, car j'aurai le dernier mot dans l'horreur sans nom de l'histoire humaine. Mon amour finira par triompher du mal, sois-en certain.

Après les ténèbres, la lumière jaillira...

A l'heure de ma mort, de terrifiantes ténèbres sont tombées sur la terre. L'obscurité a triomphé de la lumière. Le mal a réduit le bien au silence. Les hommes, avec leurs sarcasmes, ont souhaité l'apparition des ténèbres. En crachant sur moi, c'était sur Dieu qu'ils crachaient. En plantant des clous en fer dans mes mains et mes pieds, en plongeant une lance dans mon côté, ils assassinaient la bonté.

Mais après la croix cruelle, mon Esprit éternel a été glorieusement libéré ! Libéré pour déverser un plein pardon sur les hommes de tous les temps.

Parce que j'ai triomphé des ténèbres de la souffrance et de la mort, et qu'elles ne m'ont pas vaincu, j'ai le pouvoir de faire éternellement du bien à ceux qui sont plongés dans les ténèbres du péché et dressés contre moi. Comment cela est-il possible ?

Si tu veux triompher des ténèbres, je ne te demande qu'une chose : échange ta vie contre la mienne. Remplace tes yeux *charnels* par ceux de la *foi* et regarde-moi comme celui qui gouverne ta vie (tout ce qui t'arrive) avec amour. Echange ton cœur (qui est rempli de crainte à l'idée de perdre une chose qui t'est chère dans ce monde) contre un cœur qui vit dans l'espoir de l'éternité, où rien ne se perd et où tout sera restauré.

Tu expérimenteras un mystère extraordinaire lorsque tu concluras cet échange étonnant. Tu obtiendras ma vie à un degré qui dépasse la pensée humaine. Tu vivras par mon Esprit, et les ténèbres et l'emprise de ta vieille nature perdront leur pouvoir. Car j'ai fait en sorte que Christ, qui n'avait jamais péché, devienne péché pour toi, afin qu'en lui, tu hérites de la bonté de Dieu. Regarde, avec les yeux de la foi, à quel point je suis rempli d'amour, et je te montrerai combien les mauvaises choses qui t'attirent par leurs fausses promesses de vie ne sont que des mirages. Mon Esprit te débarrassera de tes mauvais désirs, et en échange il te communiquera ma grande bonté.

Cet échange est offert gratuitement à chaque être humain, car j'ai remporté une victoire totale contre le mal – même contre l'égoïsme indéracinable de la nature humaine.

Donne-toi tout entier à moi. Saisis-toi de ma bonté à la place de ta méchanceté. Prends mon caractère et mes attitudes honorables à la place de ta honte et de ta tendance à faire le mal.

Je suis le seul dont ton âme a faim et soif. Tu ne seras rassasié et désaltéré qu'auprès de moi. Goûte à ma vie, et tu sauras que je suis bon. Ensuite, tu n'auras plus jamais faim ni soif des choses du monde.

Laisse-moi souffler sur toi et inspirer ton esprit. Confie-toi en moi lorsque je permets que ta vie traverse des tribulations qui effraient ton âme. Je te remplirai de courage et de force afin que tu me suives avec une foi inébranlable. C'est ce qu'implique le partage de ma vie d'en-haut.

Tu sais, ma bonté n'est pas une *idée* plaisante, mais fragile : c'est la puissance de ma présence lorsque je combats en toi pour triompher de l'horreur du péché *dans tes expériences*. C'est ma personne qui œuvre en toi pour battre en brèche le mal qui t'assaille et te rendre victorieux en esprit. C'est la révélation de mon *plan* pour toi, qui chasse ton désespoir. Ma bonté triomphe de ton découragement et t'insuffle un nouvel espoir pour l'avenir.

Ma tendresse, que le monde calomnie, est en réalité la force qui freine la corruption dans le cosmos. Aucune corruption n'a jamais triomphé de moi. Au-dessus des douleurs, du péché, des peines de cœur et même de la mort, je règne avec puissance ! Je règne dans la pureté… et dans la paix ! J'annonce à tous les hommes qu'ils peuvent pénétrer dans le royaume spirituel où règne ma tendresse, en choisissant de faire le pas de la foi.

Je t'invite maintenant à choisir : le mal aura-t-il le dernier mot ? Ou vas-tu me faire assez confiance et croire que mon amour finira par triompher, en *toutes* choses ?

Lorsque tu pénétreras dans mon royaume par la foi, ma bonté te donnera
>   des objectifs nobles
>   un caractère fort
>   des attitudes saines

une conduite fiable
de l'honnêteté
une bienveillance rayonnante.
Cependant je dois t'avertir des inévitables conséquences…

Quiconque prend position pour moi et a foi en ma bonté ne sera pas populaire ! Ceux qui t'entourent seront soit attirés, soit repoussés par mon évidente action en ta faveur. Beaucoup se sentiront mal à l'aise en ta compagnie.

Il y a un grand prix à payer.

Tant de gens s'imaginent que la bonté n'est qu'une pénible corvée ! Ils se font des idées fausses et se figurent qu'une personne remplie d'amour est rabat-joie. Ils éprouvent un plaisir malsain à persécuter ceux qui sont purs, nobles, droits et honorables. Comme ils ont tort !

Cependant ne perds pas courage. Tu auras des tribulations dans le monde, mais j'ai triomphé de tout ! Et tu le peux aussi, puisque je vis en toi.

Ma bonté vaincra : vis dans l'espérance du jour nouveau où elle réapparaîtra comme l'aurore. Lève les yeux, et réjouis-toi en moi.

Textes à méditer

Psaume 53.1-6
Jérémie 4.17-31 ; 9.23-24 ; 29.11-14
Matthieu 12.30-37 ; 25.31-46
2 Timothée 3.1-7
Romains 12.9-21
2 Corinthiens 5.14-21
Esaïe 55.1-13
Jean 16.33

chapitre treize

Je suis l'amour

Dans l'histoire de l'humanité, aucun concept n'a tenu une plus grande place que l'*amour*. Il a inspiré des milliers de chansons et de romances. Il constitue le fil conducteur d'une multitude de livres. Il est représenté par les peintres ou les sculpteurs et c'est un sujet qui revient sans cesse dans les médias. Il donne lieu à maintes discussions dépravées. Des cours spéciaux sur le sujet sont donnés par de soi-disant « spécialistes » qui, en réalité, n'y connaissent pas grand chose. Il est aussi prêché dans les églises.

Et pourtant, aucun mot n'est aussi galvaudé ni aussi mal compris. Je suis l'Amour.

Mon amour n'est ni faible, ni mou, ni sentimental. Il jaillit de ma nature éternelle et me fait triompher des obstacles lorsque je cherche à attirer les hommes à moi... et en moi.

Ce que je vais te dire maintenant changera la façon dont tu me vois... et *te* transformera pour toujours.

Je suis l'Amour. Tout véritable amour a sa source dans le mien.

J'ai fait naître l'espèce humaine. Je t'ai donné la capacité d'exprimer et de recevoir l'amour sous toutes ses formes. Je voulais que l'amour te pousse à mener une vie bonne et noble. Mais les hommes, dans leur arrogance, ont trop souvent rejeté ce concept d'amour pur et sain. Ils se contentent de piètres ersatz.

Laisse-moi te parler de l'amour...

L'amour s'exprime de trois manières :

Premièrement, par la passion érotique, qui satisfait les besoins sensuels du corps.

Deuxièmement, par l'affection filiale, parentale ou fraternelle, qui comble l'aspiration de l'âme au soutien et à la compagnie de sa famille et de ses amis.

Troisièmement, par l'amour divin – mon amour – qui répond au besoin de ton esprit d'avoir un bienfaiteur qui n'est limité ni par le temps, ni par les circonstances terrestres.

Depuis le début du monde, les hommes et les femmes ont éprouvé le désir de demeurer ensemble dans un foyer harmonieux. Les deux étaient destinés à former une seule chair par l'union sexuelle et la procréation d'enfants. Ces petits êtres devaient s'épanouir et se développer dans la sécurité de puissants liens familiaux. Dans ces conditions favorables, l'expression de la passion sexuelle entre des parents fidèles l'un à l'autre était merveilleuse.

Tu ne peux pas t'imaginer le chagrin qui étreint mon Esprit lorsque, sur la terre, ce noble plan est réduit à néant. Pour beaucoup, le désir sexuel a dégénéré en exploitation égoïste des autres. L'érotisme, le narcissisme, la fornication, la brutalité, la pornographie, l'avortement et l'homosexualité ont été rendus « légitimes » au nom de la liberté.

J'ai également doté les êtres humains de la capacité de faire preuve de loyauté et d'affection réciproques. Cette affection filiale, fraternelle ou parentale devait jaillir de la famille pour s'étendre aux amis et aux proches dont la vie avait été affectée par les aléas de l'existence. Tu n'as pas idée de la consternation que je ressens lorsque je regarde ton monde où les lois de l'amitié sont bafouées par la déloyauté.

Comme l'humanité déchue s'éloigne de plus en plus de mes plans en ce qui concerne ces deux sortes d'amour, tu remarques que
    les cœurs sont brisés
    les foyers sont désunis
    les espoirs sont anéantis
    les engagements sont rompus
    les familles sont disloquées
    les amitiés sont cassées
    les enfants sont déchirés.

Cela t'étonne-t-il que je regarde le monde... en pleurant ?

Beaucoup essaieront de te persuader que ces aberrations sexuelles ne sont que des « jeux ». Mais ils détruisent inexorablement l'âme humaine. L'indulgence égocentrique n'est pas une « libération », mais un esclavage, qui débouche sur le vide et la mort, la mort de l'amour lui-même.

Moi, la source de l'amour, je te crie : Détourne-toi de tes voies égoïstes ! Je plaide avec toi : Repens-toi de tes égarements avant que ton âme soit ravagée par la tentation ! Ecoute mes avertissements et choisis la vie d'en haut que je te donne plutôt que la vieille nature pécheresse et la mort.

Ce choix, c'est à toi de le faire. Tu accéderas à une nouvelle vie remplie d'amour si tu me laisses t'enseigner ce qu'est le véritable amour.

Cet amour que je t'ai prouvé en venant à toi...

J'aurais pu me contenter de te *parler* d'amour, mais j'ai choisi de te le montrer pour que tu l'entendes, le voies et le touches : je suis venu à toi dans un corps d'homme. Mon amour commence lorsqu'on sacrifie une vie pour une autre. Mais malgré tout, beaucoup me méprisent et me rejettent, car l'*égoïsme* ne supporte pas l'*altruisme*.

Quand j'affirme que je suis l'Amour, je veux dire que je suis la tendresse de Dieu manifestée aux hommes. Cette tendresse s'exprime sans cesse, quotidiennement, dans ma vie répandue pour toi, et tu l'expérimentes lorsque tu donnes joyeusement ta vie aux autres.

Mon amour est totalement désintéressé
    il se sacrifie
    il se donne aux autres.

Aimer à ma manière consiste à recevoir la vie, la lumière et l'amour et à les donner aux autres. Cela commence lorsque tu te confies en moi avec la simplicité d'un enfant. Lorsque tu connais ma sollicitude constante pour toi, tu te reposes sur moi. Souviens-toi du sacrifice suprême que j'ai accompli pour toi sur la croix sanglante, et tu sauras que je ne t'abandonnerai jamais… et que je ne t'oublierai jamais. Mon sacrifice était le seul moyen de faire comprendre mon amour à ton âme aveuglée.

Un amour si prodigieux n'a pas d'équivalent ici-bas. Comme il dépasse totalement la manière d'agir des hommes, il semble presque bizarre. L'orgueil humain se refuse à accepter une telle démonstration d'amour, à croire qu'il est offert librement. Les gens préféreraient le mériter ou le rembourser par leurs efforts pour préserver leur fierté.

Maintenant… à l'instant même… renonce à ton orgueil, et accepte cet amour que tu ne mérites pas…

Rien de ce que tu fais, rien de ce que tu offres n'achètera mon amour… je t'aime déjà !

Et mon désir suprême est de te faire don de cet amour. Partage-le en partageant ma vie. Reçois mon amour en me recevant. La merveilleuse capacité de transmettre mon amour, quoi qu'on te dise ou qu'on te fasse, survient lorsque tu vis en ma présence… par mon Esprit. Ma puissance te donne l'énergie de vivre dans mon amour et de le transmettre aux autres. Penses-y…

Ma tendresse est la force dynamique qui motive ce qui est noble sur la terre. Elle provient de ma grâce, de ma bonté, de ma générosité envers les hommes, les femmes… et tous les organismes vivants dans l'univers.

    Ma tendresse se répand
        sur tes chers enfants
        sur les faons dans les bois
        sur les veaux dans les prés
        sur les oisillons dans leur nid.

    Je veille sur tous et je les fais vivre. Et toi, tu vas vivre et grandir dans cette sollicitude.

    Si mon Esprit et ma puissance se retiraient, la terre se désintégrerait. Tu en as un aperçu en regardant vivre ceux qui, par arrogance, orgueil et folie, me ferment l'accès de leur âme. Ils périssent dans le délabrement et le désespoir. Ils sombrent dans les ténèbres de la mort parce qu'ils ont choisi de refuser ma bonté et qu'ils préfèrent dégénérer jusqu'à ce que leur âme soit détruite.

    Comprends-tu que je ne condamne personne ? Que ce sont eux qui choisissent cette terrible destruction ? Ceux qui me refusent se condamnent eux-mêmes. Malgré cette folie délibérée dont le monde est rempli, je m'approche de tous les hommes avec amour. Je les appelle avec compassion. Je les invite à venir à moi pour trouver une nouvelle vie.

    Comprends que mon Esprit de tendresse et de grâce ne contestera pas éternellement avec les hommes et les femmes. Un jour prochain, la coupe d'iniquité et de violence du monde sera pleine. L'humanité aura choisi de rassasier son âme du vin abject de la rébellion volontaire et du rejet manifeste de mon amour pour elle. Alors viendront la destruction soudaine et la ruine.

    Mais tu ne connaîtras pas le même sort.

    Il y a encore de l'espoir pour ceux qui se tournent vers moi et vivent dans mon amour.

    Veux-tu appeler les autres à recevoir mon affection ? Veux-tu les conduire à une vie d'amour ? Le monde aspire désespérément à la tendresse que nous pouvons lui manifester, toi et moi.

    Mon amour pulvérise les préjugés et fonde des relations durables et loyales.

Ma miséricorde incite les cœurs à se montrer généreux, à servir les autres et à leur faire du bien.

Ma charité presse les cœurs de donner aux pauvres, aux solitaires, aux malades.

Ma bienveillance libère les hommes de la crainte, de la colère, de l'anxiété.

Ma générosité libère les cœurs de la frénésie de posséder et d'accumuler des choses qui ne donnent jamais la vie.

En moi, en mon amour, tu trouveras la vie abondante, celle qui te prodigue un repos bienfaisant, une paix profonde, une joie débordante. Quelle grande aventure en perspective…

Je t'aime, mon enfant !

Textes à méditer

1 Jean 3.18
Genèse 6.5-13
Matthieu 24.4-24
Esaïe 5.11-25
Deutéronome 8.1-20
Romains 5.1-11
Jean 3.10-21

chapitre quatorze

je suis la paix

Pendant toute l'histoire de l'humanité – une longue histoire de haine, de cruauté et de souffrance – je suis venu vers vous dans la paix. Et pourtant, ce qui est stupéfiant, c'est que l'on a souvent rejeté sur moi le blâme des luttes et de la guerre.

La plupart des gens ont tendance à faire endosser par quelqu'un d'autre la responsabilité de leurs difficultés, en prétendant que nul n'est responsable de sa mauvaise conduite. Est-il surprenant que les crimes, les génocides et les guerres aient proliféré partout sur la terre ? En même temps, les hommes crient : « Paix – paix ». Mais il n'y a pas de paix. Seulement de la terreur et des atrocités.

Pourquoi cette cruauté ? A cause de l'*égocentrisme* foncier des individus. Chaque personne insiste sur ses *droits*. Il en résulte un choc inévitable d'intérêts personnels, de confrontations, de conflits et de chaos. Malgré les nombreux traités et les arrangements légaux mis en place pour protéger les gens, la paix ne règne pas.

Partout dans le monde, les hommes plaident en faveur de l'entente et de la concorde.

Ils font des conférences

débattent le sujet à n'en plus finir

mais ne parviennent jamais à trouver en eux-mêmes le secret de la paix.

Je vais t'expliquer pourquoi.

Les êtres humains sont en guerre avec eux-mêmes, ce qui débouche fatalement sur de constants conflits avec les autres. Le vrai problème, c'est qu'ils sont en rébellion contre moi.

Cette guerre interne secrète complique la conduite humaine, corrompt la culture, ronge les civilisations et produit une confusion incessante sur la terre.

Les frères se dressent les uns contre les autres. Les parents s'en prennent à leurs enfants. Le monde se dresse voisin contre voisin, communauté contre communauté, clan contre clan, nation contre nation. Les souffrances s'accumulent. Les gémissements montent jusqu'à moi.

Et moi, le Prince de la Paix, je souffre quand je vois le monde.

Certains humanistes proposent un Nouvel Ordre Mondial, pensant répondre à un souhait universel. Mais cela n'arrivera jamais. N'as-tu pas été témoin des terribles atrocités qu'ont commises les soi-disant « sauveurs de l'humanité » ? En réalité, une génération ne tire jamais réellement profit des erreurs révoltantes de la génération précédente…

Jamais une formule instituée par les hommes n'apportera la concorde sur la terre. Mais il existe une source de paix surnaturelle…

Je suis la Paix. Je te donne une paix qui surpasse la sagesse humaine et n'a aucune commune mesure avec celle du monde.

Elle n'est pas passive et n'a rien à voir avec un désintérêt égoïste pour les problèmes de la vie.

Au contraire, la paix que je donne provient du don désintéressé et gratuit que j'ai fait de ma vie, même à mes ennemis. Mon amour est à la disposition de tous, même de mes adversaires. Ma présence donne la sérénité, la force et la stabilité en dépit des insultes, des antagonismes et de la haine.

Tant de gens ignorent même que je ne les regarde pas avec colère, hostilité et condamnation ! Je viens paisiblement vers eux. Je les accepte et je les bénis dans la paix.

Je ne suis pas en guerre avec eux. Et pourtant, beaucoup me combattent.

Tu penses que ce n'est pas vrai ?

Quand tes rêves personnels s'écroulent… quand tes prières égocentriques et tes plans personnels échouent… quand tu es envieux et que tu te dis que la vie ne vaut pas la peine d'être vécue… quand quelqu'un te déçoit ou te blesse… qui accuses-tu ? A qui en veux-tu, et contre qui te mets-tu en colère ? Contre… *moi*. Bien que tu prétendes me connaître, ton âme continue à s'opposer à moi.

Comme c'est contre moi que tu as livré ton premier combat, ta première étape sur le chemin de la pacification consiste à te réconcilier avec moi…

J'ai payé le prix pour te libérer de la colère, de l'hostilité et de la haine. J'ai fait preuve de compassion envers tes fautes, que j'ai pardonnées et acquittées. Je t'ai totalement accepté. C'est cette réconciliation-là que je t'offre afin que tu commences à vivre dans la paix. C'est mon don pour toi et, à travers toi, au monde.

Mon traité avec le monde repose sur la présence du Prince de Paix dans ta vie.

Ma présence t'apportera la sérénité intérieure. Bien que le monde, autour de toi, soit stressé et agité, au plus profond de toi-même régneront les eaux paisibles de la quiétude intérieure. Tes pensées ne seront plus agitées, mais tranquilles. Tu n'auras plus besoin de te débattre en tout sens, car je te mènerai dans les sentiers de la paix, pour ton bien et pour témoigner en mon honneur.

C'est le résultat que tu obtiens quand tu acceptes les termes de mon traité de paix. C'est ce que signifie avoir le salut de ton âme, être sauvé du traumatisme de ton époque, sauvé d'un monde qui court à sa perte.

Mon bien-aimé, n'hésite pas à élever ton esprit jusqu'à moi pour te réjouir en ma présence. Savoure la sérénité qui t'inonde quand mon Esprit vient habiter en toi. C'est ma présence (mon Esprit en toi) qui te confirme que tu es vraiment mon enfant.

Ma présence parle de paix à ton esprit, et elle l'apaise.

Elle libère ta conscience de toute condamnation.

Elle te donne le pouvoir d'affronter la vie avec confiance.

Ma paix qui surpasse toute intelligence, est la conscience de ma présence à tes côtés et en toi. J'éprouve un immense plaisir à te donner mon Esprit de cette façon intime. C'est de cette manière que tu es supposé vivre en moi, non en conflit, mais dans une entente perpétuelle. Moi en toi. Toi en moi. Mais il y a plus...

Ma paix va fortifier et guérir ton corps mortel. Car lorsque je suis en toi, celui-ci devient mon temple, mon sanctuaire particulier.

Lorsque tu es conscient de ma présence qui demeure en toi, tu ne considères plus ton corps comme un simple organisme vivant, mais tu réalises qu'il est une résidence royale. C'est le grand honneur que je lui fais.

Il n'est plus seulement à toi ; tu ne le traites plus comme tu le veux. Je l'ai créé et racheté au prix de ma vie. Je soutiens ses actions par ma puissance. Je pourvois à sa santé et à sa guérison.

Mon enfant, ne maltraite pas et ne néglige pas le corps que nous partageons. Prends soin de ma demeure. Garde ton corps pur, propre et sain, pour que je m'y sente à l'aise. Ne souille pas, ne profane pas et ne néglige pas ma résidence royale.

Ne suis-je pas venu à toi dans la paix et dans la pureté ? Tu dois tenir ma demeure propre. Tout ton être (ton esprit, ton âme et ton corps) peut être purifié. L'impact de ma présence apaisante commencera à te recréer.

Ouvre les portes, et laisse-moi m'engouffrer en toi comme un vent impétueux ! Permets-moi d'expulser la poussière, les débris et les souillures de ton passé... chaque domaine dans lequel nous avons vécu en conflit. Réconcilions-nous.

Qui entendra ma voix ? Qui acceptera totalement mon traité de paix ? Qui cessera de contester pour m'ouvrir sa porte ?

Tu dis que tu veux la sérénité, mais tu ne l'auras que lorsque tes voies seront conformes à mes plans. Alors, même tes ennemis seront réconciliés avec toi.

Ton esprit est-il ton ennemi ? Et tes émotions, ton corps, tes parents, tes enfants, ton épouse, tes voisins ? T'es-tu brouillé avec un ami ?

Viens à moi, et prends ma paix. Laisse-la régner *en* toi... et elle coulera *de* toi.

Mais ne te méprends pas.

Inévitablement, si tu partages ma vie, beaucoup de gens se moqueront de toi et te rejetteront. Ils diront que tu es fou de devenir, comme moi, un homme de paix. Car j'ai fait du bien, mais j'ai été haï, et ce sera la même chose pour toi, car

le mal rejette le bien

ce qui est vil méprise la beauté

l'égoïsme déteste le don de soi.

Mais toi... deviens un être de paix !

Bien que certains essaient d'entrer en conflit avec toi, reste en bonne entente avec eux. Triomphe du mal par le bien. Ne vis plus en conflit, mais dans la bonne entente (grâce à moi) et nous triompherons de tes adversaires. Ma vie, mon énergie et ma bienveillance surmonteront les obstacles. Ma sérénité continuera à te donner du courage. Ouvre-toi à moi dans tes conflits, et une quiétude extraordinaire inspirera ta personne, tes actions et même la teneur de tes conversations.

La tranquillité, la bienveillance, le courage, la force spirituelle et la sérénité de l'âme remplaceront l'animosité, l'amertume, l'hostilité, la colère, la jalousie et les querelles. Ma vie supplantera ton ancienne manière d'agir en toute circonstance. Tu seras recréé par ma paix, et cela apportera au monde un bénéfice considérable.

Voici les étapes à franchir pour entrer en ma présence et te pacifier.

Regarde en face tes fautes. N'essaie pas de cacher tes tendances à te quereller, à argumenter, à te défendre et à attaquer. N'excuse pas ton humeur belliqueuse à coup d'arguments boiteux. Viens plutôt à moi avec un cœur contrit et loyal. Crie-moi : « Prince de Paix, remplis mon esprit, mes émotions et ma volonté pour que j'aime comme tu aimes. Aide-moi à me donner aux autres dans la paix, comme tu te donnes à moi dans la paix. »

Je répondrai à ton cri ! Par ma présence et mon Esprit, ta carapace d'orgueil sera remplacée par une énergie altruiste. Ta mauvaise volonté cédera la place à ma bonne volonté.

Approche-toi de moi dans l'humilité, et tu vivras en bonne entente… avec moi, avec toi-même et avec les autres.

Marche sur le chemin de la paix. Avec le temps, tu deviendras fort en moi. Tu garderas ton calme sous mon contrôle. Tu seras changé… apaisé…pacifié.

Textes à méditer

Jacques 4.1-10
Jean 14.23-31 ; 20.18-33
Philippiens 4.3-9
Romains 8.9-21
Hébreux 4.9-16
1 Corinthiens 3.16-21
Proverbes 16.1-9
Matthieu 5.43-48

chapitre quinze

je suis l'équilibre

Dans les galaxies et les étoiles… dans tout ce qui concerne les êtres humains… dans chaque organisme vivant, règne un *ordre* stupéfiant.

Cela est dû au fait que je suis l'Eternel, qui contrôle le cosmos et apporte l'équilibre à tout ce qui existe. C'est moi qui *régule* toutes choses.

Dans l'univers, je suis le seul élément régulateur. Je suis merveilleusement équilibré. Tout le reste oscille d'un extrême à l'autre. Mais moi, je ne varie pas !

Tu te plains que tout va de travers, mais le *problème* vient de ta vision faussée et limitée du monde. Viens à moi, et je te montrerai les choses de mon point de vue. Viens à moi et tu acquerras la connaissance et le discernement. Alors, non seulement tu auras une perspective équilibrée de la réalité, mais tu seras capable de rester modéré et équilibré dans ce que tu feras et diras. Tu ne te laisseras plus démonter par tes lubies ou par certaines circonstances qui semblent te faire perdre ton sang-froid, mais tu comprendras que tout est régulé (gouverné) par moi.

Je détermine le sort de toute chose.

Tu n'es pas maître de ta destinée. Certains hommes se figurent qu'ils le sont, et pour finir, ce point de vue conduit beaucoup d'âmes à l'autodestruction. Le sentier de l'orgueil et de la puissance, que beaucoup choisissent, est mortel. L'orgueil précède la chute. Le pouvoir mène à la corruption. Le prestige débouche sur la perte de ses illusions. Et pourtant, des multitudes veulent avoir le contrôle absolu de leurs propres affaires. Ils sont résolus à n'en faire qu'à leur tête, même si cela les mène à la ruine et aux remords. *Tout...* plutôt que d'accepter que je règne sur eux !

Les hommes se targuent d'avoir découvert les « secrets » de la gestion du temps, de l'argent et de l'affirmation de soi ; ils s'imaginent que la maîtrise de ces techniques leur donnera le pouvoir de contrôler leur vie et de déterminer leur destinée à leur gré. Mais ils n'aboutissent qu'à se ronger d'inquiétude face à l'avenir, parce qu'ils sont obnubilés par la recherche du « succès » et par la poursuite de plaisirs qui ne mènent qu'à l'ennui mortel.

L'expression « Vanité des vanités, tout est vanité » a été prononcée par un homme qui a mené la grande vie à un point extrême. Salomon a possédé absolument tout ce que le monde offre : richesses, femmes, alcool ; pouvoir, prestige, orgueil ; renommée, fortune, loisirs ; Salomon a eu tout cela à satiété. Il n'avait ni frein, ni limites. Il aurait pu, s'il avait voulu rester sous mon contrôle, devenir le plus grand monarque de tous les temps, mais il a choisi de suivre un chemin de perversion, qui l'a mené au vide intérieur et au cynisme.

Le monde est rempli de Salomon, d'hommes et de femmes sages à leurs propres yeux. Ils sont appelés à prendre des milliers de décisions. Leur vie est conditionnée par leurs choix.

La plupart préfèrent se débrouiller tout seuls. Ils ne voient que leurs désirs et que leurs droits et le résultat en est une société dominée par les conflits.

En conséquence, les législateurs promulguent des foules de lois pour tenter vainement de rétablir l'harmonie, la bienséance et l'ordre dans la société, pour empêcher les hommes d'être la proie de leurs semblables. Mais le chaos gagne sans cesse du terrain. Certains disent de façon sarcastique : « On ne peut pas légaliser la moralité ». Les tribunaux sont de véritables champs de batailles, où les hommes de loi gagnent des honoraires exorbitants pour essayer de gérer des querelles absolument incontrôlables. Et les victimes des sévices souffrent toujours davantage que ceux qui les ont perpétrés...

La terrible vérité est que le chaos et la souffrance vont s'accroître, parce que les hommes refusent de me laisser le gouvernail : je suis l'équilibre.

Lorsque je te demande de te soumettre à moi, mon bien-aimé, cela ne veut pas dire que je t'invite à mener une vie facile où tu ne seras plus qu'une marionnette entre mes mains. Je te le dis en vérité, le sentier sur lequel nous marcherons ensemble sera jalonné de larmes, d'épines et de jours sombres. Mais à chaque pas, je tiendrai ta main et te guiderai d'une manière sûre. Ensemble, nous garderons ton âme dans la force et la paix. Ensemble, nous triompherons du chaos qui cherche à te détruire.

J'ai la puissance de maîtriser toute influence adverse (en toi ou à l'extérieur de toi), quelque redoutable qu'elle paraisse.

Ma vie terrestre a souvent été regardée avec dédain par les historiens, les étudiants et les intellectuels qui n'ont qu'une sagesse terrestre. Dans leur ignorance, ils supposent que j'ai été victime des circonstances. Certains pensent que j'ai été un fanatique maladroit qui a essuyé des revers et dont la vie s'est terminée en catastrophe. C'est l'inverse qui est vrai ! Tout ce que j'ai dit et fait, de la naissance à la mort, à la résurrection et à l'ascension, a été soumis au contrôle de mon Père. J'ai démontré sous une forme humaine ce que signifiait vivre dans un équilibre surnaturel.

Et le résultat, c'est que la grâce de Dieu s'est répandue : la vie éternelle a jailli du portail des cieux sur des millions d'hommes au fil des siècles.

Vois-tu, l'œuvre que j'ai réalisée était aussi celle de mon Père. Chaque mot que je prononçais, chaque acte que j'accomplissais faisait partie d'un plan qui dépassait de loin ma vie sur la terre.

C'est à cela que je t'invite : à une vie vécue dans le plan de Dieu, une vie qui a un sens et un but, qui est harmonieuse parce que sous mon contrôle, bref, une vie de *plénitude*.

Oui, tu es vraiment capable, toi qui es une personne ordinaire, de mener une vie extraordinaire, empreinte de calme, de maîtrise de soi et d'assurance tranquille dans un monde qui part à la dérive. Il t'est possible d'être une personne merveilleusement équilibrée qui ne manifeste ni crainte, ni extravagance au sein du chaos, grâce à la foi que je te communique chaque jour.

Crois *totalement* en moi et tu ne seras pas ébranlé par l'adversité. Tu resteras ancré sur ma Parole. Je demeurerai en toi et je serai ton soutien.

Certains se moqueront peut-être de ton nouvel équilibre, à cause de leurs œillères spirituelles. Ils ne voient pas que tu es au bénéfice de mes soins constants. Je suis ton Conseiller. Grâce à moi, tu seras un vrai vainqueur.

Je n'*ôterai* pas les obstacles de ton sentier pour les remplacer par des pétales de roses, mais je te promets de te transmettre ma puissance, ma patience et ma paix. Tu triompheras des difficultés et vivras en nouveauté de vie ; avec moi, les tragédies deviendront des victoires éternelles.

Veux-tu me confier les différents domaines de ta vie et me laisser les diriger ?

Mon enfant, je t'appelle avec insistance ! *Décide-toi*. Choisis de placer ton être entier sous ma régie. Tu *parviendras* à mettre :
    tes souhaits
    tes pulsions
    tes instincts
    tes désirs

en harmonie avec mes projets pour toi. Cela signifie également que tu mèneras une belle vie équilibrée, sobre, même dans les épreuves les plus redoutables.

Vis calmement et simplement en moi. Tu te rendras compte que ta maîtrise de toi permettra à ceux qui t'entourent de sentir ma paix et mon calme en toi. Elle jaillira à travers toi, et tu feras partie de mon dessein suprême pour préserver un monde à la dérive. Cette sérénité intérieure et cette puissance extérieure coûtent cher – certains refusent d'en payer le prix.

Le prix à payer est de sacrifier tes droits personnels à mon service – à mon plan pour étendre mon règne d'amour sur toute la terre.

Décide de me remettre le gouvernail de ta vie, et tourne-toi vers moi *une fois pour toutes*. Cette démarche décisive ressemble à celle d'un alpiniste qui franchit une crête et entame la descente des pentes enneigées resplendissantes de l'autre côté. Impossible de faire marche arrière. Plus d'efforts à fournir pour grimper. Il suffit de se laisser descendre vers d'autres terres, et de conquérir de nouveaux territoires… Va où je te guiderai, fais des progrès, pars à la conquête des nouveaux horizons qui s'étendent à perte de vue devant tes yeux.

Tu découvriras ce que signifie être libéré.

Libéré
>   de l'atmosphère suffocante de l'intérêt personnel
>   des chaînes de l'orgueil et de l'insécurité
>   de la lutte pour impressionner les autres
>   du combat acharné pour réussir
>   de l'emprise de la vanité.

Tu seras libre de vivre le cœur léger sous ma direction, car je désire que mes enfants aient part à ma puissance – cette puissance capable de régénérer la société.

N'aie pas peur de ce que je te demande de proclamer. Mon œuvre ne s'accomplit pas en un jour. C'est plutôt une vie d'aventures excitantes qui se déroulent jour après jour et année après année. N'hésite pas à te tourner vers moi quotidiennement afin de découvrir mes intentions pour toi telles qu'elles sont révélées dans les détails de ton expérience quotidienne.

Veux-tu me connaître et être plus proche de moi que de n'importe quel ami humain ? Veux-tu expérimenter que j'ai davantage d'affinités avec toi que ceux qui t'entourent ? Si tu me laisses partager ta vie, jamais tu ne seras en proie à la confusion.

Choisis mon équilibre et
   petit à petit
   pas à pas
   instant après instant

tu connaîtras une merveilleuse satisfaction, au fur et à mesure que je ferai concorder ta vie avec mes projets. Ma présence et ma direction produiront de grands changements dans ton caractère. Les vieilles passions et l'orgueil démesuré qui emprisonnaient ton âme disparaîtront, laissant la place à des motifs purs et à un cœur humble et malléable, car l'humilité est mon signe distinctif.

Moi, l'Eternel, le Souverain suprême, j'éprouve un immense plaisir à être en communion intime avec toi. Mon Esprit se meut en permanence sur toute la terre, cherchant désespérément quelqu'un qui renonce à ses droits pour accepter ma seigneurie. Mais peu d'hommes acceptent le repos que l'on éprouve lorsqu'on se soumet à ma direction.

Mais si *tu* décides de le faire…

Tu découvriras une merveilleuse dimension à mon amour qui te donnera une énergie inimaginable ! Là où tu seras, quoi que tu fasses dans mon plan, je serai là pour accomplir des choses étonnantes à travers toi. Quiconque m'est soumis possède une force extraordinaire pour accomplir des changements constructifs. *Veux-tu* être cette personne ? *Veux-tu* faire la différence dans un monde qui périt ?

Si tu vis simplement sous mon regard, tu montreras aux autres comment vivre, tout simplement.

Textes à méditer

Job 42.1-6
Ecclésiaste 1.1-11
Deutéronome 11.16-28
Philippiens 2.1-13
Jean 17.1-26
Ephésiens 3.9-21
Luc 9.23-26
2 Corinthiens 2.14-17 ; 3.17-18

chapitre seize

je suis le chemin

Je suis le Chemin.

C'est une affirmation si simple.

Quatre mots… mais qui révèlent la plus profonde des vérités jamais énoncées. Ils constituent une assurance éternelle pour toi.

Je suis le seul Chemin grâce auquel l'être humain comprend le merveilleux caractère de Dieu.

Je suis le seul moyen par lequel l'âme qui le désire découvre la gloire et la grâce de l'Eternel.

Je suis la seule Voie par le moyen duquel une personne expérimente quelque chose de la tendresse que j'éprouve à son égard.

Je suis le seul qui accorde le plein pardon des fautes.

Je suis le seul par lequel un homme est délivré de la mort spirituelle et reçoit la vie éternelle.

Je suis la voie de l'espoir... de la lumière... de l'amitié... de la paix durable... de la satisfaction... de la force.

Echange ta vie contre la mienne, et ces transformations spirituelles s'épanouiront en toi au fur et à mesure que tu grandiras en ma présence. Car je suis un chemin de transformation.

Je suis le chemin... des tendres soins.

Tu es venu au monde pour découvrir le tendre soin que je prends de toi. Car je suis à toi, et tu es à moi !

C'est le plus grand secret de tous les temps : tu es en moi, et je suis en toi. C'est un échange éternel et permanent de ton vide et de tes besoins contre ma plénitude et ma douce sollicitude.

Tu es venu au monde pour devenir mon enfant.

Je suis descendu ici-bas pour devenir ton Père. Ce n'est qu'en te donnant à Celui qui est plus grand et plus glorieux que toi que tu trouveras la satisfaction suprême.

Livre-toi tout entier à moi et je commencerai à me donner à toi. C'est ainsi que je procède. Viens bénéficier de mes soins aimants, et je veillerai efficacement sur toi.

Ma voie est plus sûre que tout ce que le monde t'offre.

Je suis le chemin... de la communion profonde.

Pour me connaître, tu dois vivre en moi. Si tu le fais, tu m'aimeras. Jamais tu ne seras déçu en vivant ta vie, qui est limitée, à l'intérieur de la mienne, qui est illimitée. Je suis le chemin de la vie éternelle, et de la vie abondante ici-bas.

Mon chemin est celui d'une vie enthousiasmante et riche de sens, ici et maintenant.

Beaucoup pensent à tort que je ne suis que le Dieu du ciel... le Dieu du *futur*, le Dieu de l'au-delà. C'est une grave méprise. Mon chemin est celui de l'honneur et de la plénitude pour ta vie terrestre

dès à présent. Peu d'hommes expérimentent cette manière de vivre, simplement parce qu'ils ne me connaissent pas. Ils n'ont pas encore appris ce que signifie
>   vivre avec moi
>   m'aimer avec ferveur
>   être loyal envers moi.

Alors qu'ils prétendent me connaître, ils se comportent comme des étrangers envers moi ! Je ne dis pas cela pour être désagréable, mais pour rectifier une idée fausse. Car je tends les bras vers les hommes, en les invitant à marcher dans mes voies et à se soumettre à moi, mais la plupart préfèrent tracer leur route tout seuls, à leurs risques et périls !

En réalité, l'un des plus grands secrets de la vie est de ne pas toujours faire ce que tu aimes, mais de toujours aimer ce que tu fais.

Ne suis-je pas celui qui, mieux que *n'importe qui d'autre*, sait exactement ce que tu es le plus apte à accomplir ? Est-ce que je ne connais pas à cent pour cent ton potentiel humain ? Crois-tu que je ne sois pas heureux de te conduire dans une direction où ce potentiel sera employé le mieux possible ?

En ma compagnie, tu trouveras ta voie... car je suis le Chemin !

Mais beaucoup d'hommes ont peur de me laisser prendre le gouvernail de leur vie. Ils craignent que j'attende trop de leur part. Ils ne savent pas que je déverse d'abondantes joies sur ceux qui marchent dans mes voies !

Mais le Chemin est étroit. Il n'y a qu'une seule façon d'entrer dans la famille du Très-Haut, de me connaître comme Père et de jouir de la compagnie constante de mon Saint-Esprit. C'est la voie de ton Frère, Jésus, qui a totalement soumis sa vie à la mienne. Il t'a montré le Chemin.

Une foule de voix trompeuses (en apparence très raisonnables) proclament avec insistance : « Tous les chemins mènent à Dieu ! » C'est un mensonge. En fait, c'est la voie large, la solution de facilité... qui conduit des millions d'hommes vers les ténèbres. Va visiter les régions de la terre où les fausses philosophies, l'humanisme effréné, les religions dégradantes, l'adoration des esprits mauvais ou le paganisme prévalent. Tu verras alors à quel point ces peuples vivent dans l'esclavage abject, la crainte et le désespoir.

Considère
>   la tyrannie du totalitarisme

la dégradation et la pauvreté de l'hindouisme
la violence et la dureté de l'Islam
l'adoration des faux dieux du paganisme
le caractère sinistre de l'occultisme.

Ce ne sont que quelques unes des soi-disant *voies* qui attirent les hommes. Chacune d'elles a ses prophètes et ses grands initiés et prétend détenir la vérité ultime. Chacune se sert d'une subtile propagande pour persuader les âmes crédules qu'elles mènent à Dieu. Mais c'est un dieu forgé de toutes pièces.

Au sein de cette cacophonie de voix confuses… je suis le Chemin, la Vérité, la Vie. Je me tiens au milieu des foules humaines et j'appelle chaque homme à moi. L'invitation est si simple, la réponse si directe ! Mais la plupart des gens passent à côté, car je ne leur promets ni de les transformer en dieux dans une vie ultérieure… ni de s'évader dans un quelconque nirvana. Mon Chemin te conduit à devenir, sur le plan spirituel, un « enfant » qui, intérieurement, se blottit dans mon amour et qui, extérieurement, obéit à mes directives.

Je désire te donner ce cœur d'enfant.

Dans ta culture humaine, rien ne te prépare à venir à moi comme un enfant.

Tes soi-disant « sages » (penseurs, érudits, gourous, faux prophètes, fanatiques religieux et hommes politiques) exposent de grandes théories sur la « meilleure voie ». Mais ils sont confus et désespérés ! S'ils ne se tournent pas vers moi, ils finiront dans l'impasse. Tout au long de la sombre histoire de l'humanité, des milliards d'êtres humains ont écouté les théories fallacieuses d'hommes tels que ces prétendus sages.

Mon enfant, entends-tu ma voix ? Je suis ton Père !

Sur la terre, personne d'autre que moi ne te conduira sur la voie de la sérénité de l'esprit.

Personne ne te donnera la paix pour triompher de tes soucis.

Personne d'autre ne te remplira d'une joie perpétuelle.

Personne d'autre que moi ne te garantira un tel espoir, à la fois pour cette vie et pour celle à venir.

Tu ne triompheras de ce monde que si tu es mon fils, ma fille, dans la foi.

Veux-tu être mon enfant ? Veux-tu chercher à me rencontrer ? Je veux dire, au sens littéral, que ton être entier entrera en contact avec le mien, afin que ta vie en soit transformée. Tu me connaîtras *personnellement*, en sorte qu'il y aura une interaction dynamique entre ton esprit et le mien.

Je ne veux pas dire par là que tu dois simplement acquérir davantage de connaissances intellectuelles à mon sujet. Des millions de personnes affirment connaître telle ou telle célébrité mondiale. Elles ont vu les photographies la représentant, ont entendu sa voix largement diffusée et ont lu sa biographie. Et pourtant, même si cette célébrité est connue par des millions de personnes, seuls quelques amis proches savent réellement qui elle est ! Seul un petit cercle d'intimes partage ses pensées, ses émotions, sa volonté, ses qualités.

Avec moi, c'est la même chose. Des multitudes ont entendu parler de moi. Mais seuls quelques hommes me connaissent cœur à cœur, comme un enfant connaît le cœur de son père.

Tu vas ajouter une nouvelle dimension à ta vie, jour après jour. Tu découvriras la loyauté, l'attachement profond, la foi fervente, l'enthousiasme, l'amour constant, l'allégresse enfantine, la gratitude éternelle, le plaisir limpide que l'on ressent en partageant ma vie. Ces bénédictions prouvent réellement que tu me connais, que je suis en toi et que nous sommes des amis intimes.

La belle relation que je voudrais établir avec toi n'a rien de mystérieux. Mon enfant, je suis le Chemin…

Repose-toi sur moi, et je manifesterai ma puissance et ma merveilleuse action à travers toi.

Textes à méditer

Jean 1.1-14 ; 14.1-14
Matthieu 7.13-14, 21-23
Ephésiens 1.2-12
Proverbes 12.28 ; 14.12 ; 26.25
Romains 8.31-39

chapitre dix-sept

je suis droit et juste

Dans chacune de mes voies... de mes actions... de mes attitudes... je suis droit et juste.

Sans aucun doute, il t'est extrêmement difficile de le comprendre, et encore plus de le *croire*. Comment ton imagination limitée réaliserait-elle la largeur et la longueur de ma droiture et de ma justice ?

Cela ne m'étonne pas !

Dans le monde des lois établies par les hommes, la justice parfaite n'existe pas. Beaucoup de nations se sont targuées de garantir à chacun la justice et la liberté, mais en réalité, cela s'est avéré illusoire. Leurs citoyens se sont vite rendu compte qu'à cause de la partialité humaine, l'égalité parfaite n'existait pas. Les tribunaux nous prouvent qu'il y a une justice pour les pauvres et une autre pour les riches. Les sociétés sont truffées de ségrégations de toute sorte. Dès leur plus jeune âge, les enfants apprennent la discrimination, les sarcasmes et les railleries impitoyables.

Oui, les hommes réclament plus de liberté, de lois et de justice, mais dans la vie quotidienne, cela n'a pas cours, parce que le cœur humain n'est ni bon, ni juste, ni droit en paroles et en actes.

Mais moi, je ne dévie jamais de la droiture. Je suis totalement juste dans ce que je fais pour toi. Je pratique l'égalité envers tous. Je suis toujours équitable. C'est l'une des plus grandes différences entre les hommes et moi, une facette de mon caractère qui me met à part de l'humanité et de sa corruption.

C'est précisément à cause de ma justice que beaucoup d'hommes me tiennent à distance...

Beaucoup de tes chefs ont été des tyrans et des persécuteurs. Tu t'imagines que je dois être un monstre, moi aussi. Tu n'arrives pas à croire que je suis bienveillant. Tu me prends pour une brute.

Quelles étranges créatures sont les hommes !

Depuis les temps immémoriaux, l'imagination humaine a conçu toutes sortes de dieux grotesques. Ses religions ont été fondées sur des dieux cruels, terrifiants, cupides, vengeurs, impitoyables et pervers. Il n'est pas étonnant que les hommes se soient découragés d'offrir des sacrifices et de rabâcher des prières creuses dans le vague espoir que leurs bonnes actions rachèteraient leur conduite coupable.

Mais aucune formule, aucun rituel ne te mettra en règle avec moi, le vrai Dieu, car je ne désire ni tes sacrifices, ni tes services, ni tes justifications.

Ce que je cherche, c'est *toi*.

Ouvre tes oreilles : écoute cette *bonne nouvelle* ! Toi qui as rencontré tant d'injustice, qui as enduré une telle adversité, qui as subi tant de sévices de la part des autres – je suis droit et juste.

Approche-toi de moi. Apprends de moi que je suis loyal vis-à-vis de toi. Tu seras stupéfait de ce que tu découvriras. Tu verras avec quelle bonté je pardonne.

Je ne rends pas mal pour mal, méchanceté pour méchanceté, colère pour colère. Je te prouve mes intentions à ton égard en te traitant avec droiture et équité et en comprenant parfaitement tes difficultés. Avant tout, j'agis avec toi comme un Père avec son fils ou sa fille, en espérant que tu me laisseras te conduire dans les sentiers de la justice.

Si tu parviens à comprendre que je suis intègre et juste dans toutes mes voies, cela changera ton attitude envers moi. Tu ne me redouteras plus, tu ne te méprendras plus sur mes motivations et tu ne me mettras plus sur le même pied que ceux qui te traitent injustement.

Compte sur moi, car je suis équitable. Je n'ai jamais rien eu de commun avec les dieux de la terre, qui ont été fabriqués par les hommes et non par moi. Crois-tu être juste en pensant que je leur ressemble ?

Ma puissance est liée à ma justice ; non à un légalisme paralysant, mais à la justice divine qui te libère.

Elle t'affranchit de ta crainte de la vengeance et de ton appréhension de la rétribution divine. Tu es délivré de la peur parce que j'ai payé le prix pour tes forfaits. J'ai généreusement rétabli notre relation. J'ai supporté à ta place les chaînes de l'esclavage : j'ai souffert pour toi ; j'ai enduré le poids de tes forfaits; j'ai pris sur moi ta condamnation. *Je t'ai affranchi.*

Maintenant, tu es droit parce que je suis droit.

Tu es justifié car je suis juste.

Tu es accepté parce que je suis équitable.

Tu es mon enfant puisque je suis ton Père.

Maintenant tu es mon bien-aimé car je suis ton Ami.

Cette transaction (ma vie livrée en rançon pour la tienne) te donne la possibilité d'être totalement régénéré.

Lorsque tu reçois ma droiture et ma justice, tu nais à une vie totalement nouvelle. Elle vient de moi et t'est transmise par ma présence. Elle s'exprime à travers toi par mon Esprit, qui te donne de l'énergie. Ma vie intègre et juste croît en toi jusqu'à parvenir à une parfaite maturité. C'est ce que je désire.

Me connaître, c'est avoir part à ma vie éternelle, c'est être appelé à parcourir le monde pour annoncer ma justice, ma droiture et mon équité aux autres, en étant revêtu de ma force. Tu as reçu gratuitement de grands dons de ma part ; à présent, donne-les gratuitement à ceux qui souffrent et gémissent. Tu éprouveras beaucoup de joie à me servir.

Au cours du long périple de l'histoire humaine, marquée par le carnage et la cruauté, mes enfants (qui sont appelés par mon nom et qui reflètent mon caractère) ont apporté la consolation divine au sein de terribles atrocités. De tous temps, l'injustice, la torture, la violence, le crime et la guerre ont déchiré l'humanité. La terre est souillée du sang et des larmes des innocents. Et toi, mon enfant, je t'appelle à réconforter, à nourrir, à guérir physiquement et spirituellement. C'est par toi que j'aimerais réparer les injustices !

N'écoute jamais les mensonges colportés par mes ennemis, qui prétendent que je ne compte pas et qui ridiculisent et rejettent mes disciples. Lorsqu'ils ont des problèmes, ils sont les premiers à se tourner vers mes enfants pour réclamer de l'aide et du soulagement. Lorsque tout va bien, ils me méprisent et déclarent que je suis mort. Mais lorsque les épreuves surviennent, ils changent d'avis !

Apporter ma droiture et ma justice au monde coûte cher, je ne te le cache pas. Même si je t'envoie vers les hommes pour que tu leur fasses du bien, ils te mépriseront et te rejetteront probablement, comme ils l'ont fait pour moi. Mais moi, je te dis : « Triomphe du mal par le bien. » Car là où le mal abonde, ma grâce surabonde.

Ne te lasse pas de faire le bien. Ta confiance en moi vaincra le monde. Prends courage, et continue à marcher avec la force que je te donne.

Comment triompher du mal par le bien ? Je vais te le dire.

En tenant tes engagements.

En accomplissant tes promesses.

En terminant les tâches que tu as entreprises, même si les autres abandonnent.

En restant fidèle à tes responsabilités, même si d'autres les délaissent par paresse.
En ayant de la considération envers tes amis.
Bref, quoi que tu fasses, sois équitable, intègre et droit.
Alors, même mes ennemis sauront que je suis juste et droit, car tu en seras un vivant témoignage parmi les hommes.

Que l'intégrité et la justice deviennent donc tes emblèmes, comme ils sont les miens.
Si je vis, si j'agis et si je demeure en toi, et réciproquement, si tu vis, si tu agis et si tu demeures en moi, ton caractère et ta conduite devraient être semblables aux miens. Fais ce que tu dis. Mets ton point d'honneur à être cohérent.
N'exploite pas et ne manipule pas les autres pour parvenir à tes fins.
Ne tire pas avantage des faibles et des pauvres.
En affaire, ne spolie personne.
N'abuse jamais de ceux dont tu es responsable.
Ne joue pas des coudes pour être le premier.
Ces tactiques sont peut-être employées dans le monde pour dominer les autres, mais elles n'ont rien à voir avec la voie de la justice et de l'intégrité dans laquelle je t'appelle à marcher. Si tu veux vivre avec moi dans l'harmonie, la bienveillance et le respect mutuel, tu dois jouer franc jeu avec moi, comme je le fais toujours avec toi. Dans ce monde régi par l'intérêt personnel, sois toujours équitable.
Cela n'a rien à voir avec la faiblesse. Au contraire, être équitable signifie être fort et ferme dans la droiture.
Ferme
    dans tes convictions
    dans l'accomplissement de ton devoir
    dans ta foi en moi
    dans ton refus de l'inconstance.
Si tu es équitable, tu seras ferme dans la bonté.
Vis avec droiture, dans la justice et l'équité. Attire le monde à moi par ce biais. Car le jour du jugement viendra pour tous… et toi, tu es mes mains et ma voix… pour avertir les âmes rebelles, et les inviter à revenir à ma maison.

Textes à méditer

Deutéronome 32.1-12
Psaume 7.9-17 ; 103.1-22
Apocalypse 16.5
1 Samuel 15.10-26
Colossiens 2.6-15
Jean 17.1-21
Hébreux 11.32-40 ; 12.1-13
Romains 5.20-21

chapitre dix-huit

je suis saint

*O*ui, je suis saint.
    Je suis parfait…
    Je suis la Beauté resplendissante et éternelle !
    Le langage humain est impuissant à décrire ma beauté. Et pourtant, certains de mes enfants, au cours de l'histoire, ont tenté de parler aux autres de ma splendeur. C'est grâce à l'inspiration de mon Esprit qu'ils ont eu un aperçu de ma gloire. Pour célébrer celle-ci, ils se sont répandus en paroles d'émerveillement, de crainte et d'adoration.
    Parce que je me suis révélé aux hommes… dans ma pureté et ma perfection, on m'a appelé

le Merveilleux
le Lys des vallées
l'Etoile du matin.

Chaque qualificatif constitue une tentative touchante de te révéler au moins un aspect de mon caractère. Est-ce que ce ne sont pas ceux qui me connaissent le mieux qui m'aiment le plus ? Et ils ont découvert... que je suis Saint.

Il est vraiment dommage que, dans le monde, le mot *saint* ait été dénaturé. La plupart des hommes l'associent aux édifices religieux poussiéreux, à un certain style de musique, aux auréoles peintes au dessus de la tête des saints en plâtre et à la piété de façade que je déteste.

Cela te répugne, et c'est bien normal, car tout cela n'est qu'une abjecte tromperie, une grossière contrefaçon qui a empêché beaucoup d'entre vous de me connaître tel que je suis vraiment – *le Dieu saint*.

Etre saint, c'est être
épanoui
accompli
sain
bon
parfait
pur.

Bref, c'est être comme moi... beau ! Mais pas distant, lugubre, moralisateur, inabordable. Bien au contraire !

Par essence, par nature, par mon caractère... je suis *merveilleux*. Je suis digne d'amour. Tu es libre de t'approcher de moi sans être terrifié.

Me considères-tu encore comme un despote, qui se dresse orgueilleusement devant toi, imbu de sa puissance ? Mais je suis ton Sauveur ! Ton Berger ! Je suis l'origine de ta force, la source de ta respiration. Regarde avec quelle tendresse je me comporte envers toi. Goûte à la douceur de mon Esprit, plus délectable que le miel. Viens à moi simplement, et tu découvriras que je suis doux et humble de cœur. Je désire ardemment guérir ton cœur et te remplir d'espoir !

Parce que je suis *épanoui*, tu le seras aussi.
Puisque je suis *sain*, tu seras restauré.
Comme je suis *accompli*, tu auras la plénitude.
Parce que je suis *pur*, tu seras purifié.
Comme je suis *parfait*, tu seras beau en moi.

Aie part à ma vie surnaturelle et à la beauté de ma sainteté. Ensemble, nous serons sains dans ce monde pourri.

Tu vois, mon enfant, je ne suis pas aussi redoutable et compliqué que les érudits du monde, les théologiens et les intellectuels m'ont décrit. Leurs règles, leurs théories, leurs rituels n'ont jamais rendu *sainte* une seule âme. Mais moi, je recrée un nouvel esprit en toi. Je forme en toi mon caractère. Je te façonne pour que ma beauté resplendisse en toi.

Le monde voudrait que tu me craignes et que tu m'évites. Je désire te rendre parfaitement beau dans la sainteté.

Au cours de ces conversations tranquilles que nous avons eues ensemble, j'ai tenté de t'aider à comprendre qui je suis réellement. Maintenant, je t'invite à me recevoir... non seulement comme ton compagnon de route, comme ton ami intime, comme ton Père saint, mais comme ton Bien-aimé !

Je ne te demande pas d'accomplir un acte mystique ou étrange, mais simplement de m'accepter tel que je suis. Je t'ai parlé de moi en des termes compréhensibles. Je t'ai ouvert mon cœur sans réserve. Je t'ai même transmis ma foi, afin que tu aies confiance en moi et en ma Parole !

Prends ma vie en toi. Assimile ma nature sainte et éternelle. Sois satisfait, rempli de moi, paisible, sain et épanoui. Sois guéri de la fièvre de ton ancienne vie. Aie part à ma vie comme si tu rompais et mangeais du pain. Abreuve-toi à ma source comme si tu buvais une boisson rafraîchissante.

En me donnant à toi librement et gratuitement, j'ai fait ma part. Si tu veux connaître la plénitude, donne-toi tout entier à moi ! Après cet échange, tu ne seras plus jamais le même. De même que la lumière du soleil purifie ce qui est exposé à ses rayons, de même ton être entier sera purifié lorsque ma vie croîtra en toi.

Laisse-moi t'expliquer comment je te vois, comment j'envisage ce que tu vas devenir...

Tu seras un être réellement beau, car tu resplendiras de ma beauté.

Tu seras pleinement épanoui, car je te rendrai tel.

Tu ne seras pas un « saint » rigide, collet monté, artificiel, engoncé dans une piété lugubre.

Au contraire, tu déborderas d'une joie et d'un enthousiasme irrépressibles, car ceux qui me connaissent personnellement sont paisibles et comblés. Ta puissance, ta pureté et ta droiture prouveront aux autres que je suis présent en toi. Dans ta marche quotidienne avec moi, tu seras saint, mais en même temps, tu te souviendras humblement que cet état ne vient pas de toi, car j'aime demeurer en ceux qui sont humbles de cœur.

Non, le monde dans lequel tu vis ne comprend pas ces choses. Il lui est impossible de percevoir la puissance ou la pureté de ma présence. Mais toi

    tu me connaîtras
    tu m'aimeras
    tu m'honoreras
    tu jouiras de ma compagnie
    tu croiras en moi
    tu me suivras
    tu m'obéiras.

Mon enfant bien-aimé, je t'aimais déjà avant même la fondation du monde. J'avais déjà décidé d'adopter des fils et des filles pour en faire mes enfants. Ils seraient mes saints, ceux que je choisirais pour les régénérer et en faire mes compagnons.

Et dès le départ, je savais que tu serais l'un d'eux !

A présent, je place sur toi le sceau spécial de mon Saint-Esprit. Tu es mon trésor particulier. Tu es devenu mon enfant grâce à un plan amoureusement mis au point depuis l'éternité. Ma vie parfaite, ma mort parfaite et mon pouvoir parfait t'ont racheté, *toi*.

Les explications que je t'ai données sont destinées à insuffler la vie à ton âme. Ecoute bien : au-delà de ton bref passage sur terre, je t'ai préparé une merveilleuse demeure, où tu habiteras avec moi pour toujours. Là, il n'y a plus de douleur : ni tristesse, ni souffrance, ni péché, ni Satan. Et seuls y entrent les saints et les purs !

C'est pour *te* préparer pour ce lieu que j'ai enduré de telles souffrances. Aie confiance, car c'est moi qui ai commencé l'œuvre en toi et qui te conduirai à la perfection.

Ce que tu es et ce que tu seras trouve son commencement et sa fin en moi. Tu m'appartiens pour l'éternité.

Je te laisse ces derniers mots : « Apprends à me connaître, et tu auras la vie éternelle ! »

Textes à méditer

Esaïe 6.1-8
Cantique des Cantiques 2.1-4
Matthieu 11.25-30
Jean 1.12 ; 14.9-23 ; 15.1-16
Psaume 37.1-40
1 Corinthiens 2.1-16

table des matières

1. « Je suis l'auteur » 7
2. « Je suis la Parole » 11
3. « Je suis Tout-Puissant » 17
4. « Je suis la Vérité » 23
5. « Je suis miséricordieux » 29
6. « Je suis omniscient » 37
7. « Je suis la grâce » 43
8. « Je suis patient » 49
9. « Je suis le Sauveur » 55
10. « Je suis la joie » 61
11. « Je suis fidèle » 65
12. « Je suis bon » 71
13. « Je suis l'amour » 77
14. « Je suis la paix » 83
15. « Je suis l'équilibre » 89
16. « Je suis le chemin » 95
17. « Je suis droit et juste » 101
18. « Je suis saint » 107

Chez le même éditeur :

les **prières** de la **Bible** et les nôtres

Ce livre (en deux volumes) nous montre comment priaient les hommes et les femmes de la Bible, eux qui étaient « de la même nature que nous ». Nous nous reconnaissons dans leurs difficultés, leurs luttes et leurs doutes ; par ailleurs nous sommes encouragés de voir que cette relation vivante et profonde qu'ils avaient avec Dieu est aussi notre privilège.

Ecrites sous forme de courtes méditations, ces pages peuvent par exemple trouver place dans nos moments de recueillement et de prière personnelle.

Publié il y a longtemps et aujourd'hui introuvable, cet ouvrage recèle tant de richesses spirituelles et bibliques qu'il nous a paru bon de le rééditer.

L'auteur : Alexandre Westphal (1861-1951), Docteur en théologie, professeur de théologie biblique et pasteur, a écrit d'autres livres, parmi lesquels *Les personnages de la Bible... et nous* et une *Harmonie des Evangiles*. Le point culminant de son œuvre demeure la publication du *Dictionnaire Encyclopédique de la Bible*.

Chez le même éditeur :

Parole en Paraboles

Le Sadhou Sundar Singh, grand apôtre et mystique chrétien de l'Inde, contemporain de Tagore et de Gandhi, est l'une des plus extraordinaires personnalités du christianisme du 20ᵉ siècle.

C'est un grand privilège de découvrir ici l'écho de ses méditations et de ses prières sous forme d'entretiens entre Jésus-Christ et son disciple. Les différents sujets (la prière, le service, la souffrance, l'au-delà, etc.) sont abordés à travers des maximes simples et directes, illustrées d'images profondes dont il a le secret.

Le Sadhou Sundar Singh partage avec nous l'immense richesse de sa vie intérieure et de sa communion avec Dieu. Il nous enseigne, nous encourage, nous fortifie, avec une sagesse inspirée par sa lecture de l'Evangile et par ses expériences personnelles, nous attirant ainsi tout près du Maître.

*Autres ouvrages aux éditions
Empreinte Temps Présent :*

Réussir sa Vie
Henry Cloud

L'équilibre psychologique du chrétien
Jacques Poujol

Vaincre le stress
Archibald Hart

Il a séché mes larmes
Jacques et Claire Poujol

la dépression : comprendre et aider
Franck Minirth et Paul Meier

Manuel de relation d'aide (en deux volumes)
Jacques et Claire Poujol

Bien dans ma tête, bien dans mon corps
William Backus

La guérison des souvenirs
David A. Seamands

Bien communiquer pour mieux vivre
William Backus

Les conflits : origines, évolutions, dépassements
Jacques et Claire Poujol

la sexualité dans le couple
John et Janet Houghton

Le développement de l'Eglise
Christian A. Schwarz